PALMARES

Flávio Gomes

PALMARES
Escravidão e liberdade no Atlântico Sul

Copyright © 2005 Flávio Gomes

Todos os direitos desta edição reservados à
Editora Contexto (Editora Pinsky Ltda.)

Imagem de capa
Albert Eckhout, "Homem Africano"
(Óleo sobre tela), 1641

Montagem de capa
Gustavo S. Vilas Boas

Projeto gráfico e diagramação
Antonio Kehl

Revisão
Celso de Campos Jr.
Lilian Aquino

Dados Internacionais de Catalogação na Publicação (CIP)
(Câmara Brasileira do Livro, SP, Brasil)

Gomes, Flávio
  Palmares : Escravidão e liberdade no Atlântico Sul / Flávio Gomes. 2. ed. – São Paulo : Contexto, 2025.

  Bibliografia.
  ISBN 978-85-7244-313-5

  1. Brasil – História – Palmares, 1630-1695 2. Escravidão – Brasil 3. Escravidão – Brasil – Insurreições etc. 4. Escravos fugitivos – Brasil 5. Liberdade I. Título.

05-7061   CDD-981.021

Índices para catálogo sistemático:
1. Palmares : Quilombo : Brasil : História colonial 981.021
2. Quilombo dos Palmares : Brasil : História colonial 981.021

2025

EDITORA CONTEXTO
Diretor editorial: *Jaime Pinsky*

Rua Dr. José Elias, 520 – Alto da Lapa
05083-030 – São Paulo – SP
PABX: (11) 3832 5838
contato@editoracontexto.com.br
www.editoracontexto.com.br

Proibida a reprodução total ou parcial.
Os infratores serão processados na forma da lei.

Este livro é dedicado à memória de Clóvis Moura, Décio Freitas e Edison Carneiro, aqueles que mais procuraram entender Palmares.

Sumário

Introdução _____ 9
Atlântico e fugitivos em uma perspectiva hemisférica _____ 13
Uma história de Palmares _____ 29
Cenários e horizontes: as serras da capitania de Pernambuco _____ 43
As primeiras batalhas pela liberdade _____ 55
Neerlandeses, políticas coloniais e mocambos _____ 61
Invenções dos mundos de Palmares _____ 73
Entre conexões atlânticas _____ 117
Tentativas e acordos de paz _____ 123
Entre Zumbi e Ganga-Zumba: lutas pelo poder _____ 137
Os paulistas e o grande cerco _____ 145
O assassinato de Zumbi _____ 149
As lutas continuam _____ 153
Resumo das guerras de Palmares _____ 161
Cronologia dos mundos atlânticos em torno de Palmares _____ 163
Bibliografia _____ 169
Iconografia _____ 179
O autor _____ 181

Introdução

Em várias sociedades escravistas modernas surgiram comunidades de fugitivos. Os cativos escapavam do jugo de senhores e formavam comunidades nas brenhas das florestas, afastadas ou distantes das unidades produtivas, nos subúrbios das áreas urbanas ainda improvisadas e mesmo em regiões de fronteiras internacionais.

Nas Américas, as comunidades de escravos fugitivos – algumas provisórias e outras tantas transformadas em microssociedades com organizações socioculturais e econômicas singulares e duradouras – receberam várias denominações. Na Colômbia e Venezuela, eram respectivamente *palenques* e *cumbes*. No Caribe inglês e nos Estados Unidos, foram denominadas *maroons societies*. Em Cuba e parte da América espanhola, acabaram conhecidas por *cimarrones*. E no Caribe francês, o referido fenômeno recebeu o nome de *maronage*. Apareceriam em todas as partes ao mesmo tempo, do norte ao sul das Américas: no México, sul dos Estados Unidos e Uruguai. Foram dezenas na Jamaica, São Domingos, Cuba, Colômbia, Porto Rico, Panamá, Suriname, Honduras, Equador, Guianas, Peru, Venezuela etc.

No Brasil, havia muitos desses agrupamentos. Exatamente: considerando a extensão territorial e o impacto do tráfico africano transatlântico (o Brasil receberia em torno de 40% do total de cerca de 10 a 15 milhões de negros que vieram à América), existiram milhares de comunidades que atravessaram entre os séculos XVI e XXI, aliás uma característica importante da sociedade escravista no Brasil foi não apenas a quantidade, mas também a densidade de mocambos e quilombos.

Aqui, no período colonial e no pós-colonial, muitas destas comunidades chegaram a reunir milhares de habitantes, ainda que a maior parte contasse com dezenas ou centenas de fugitivos. A maior e mais conhecida comunidade de toda a América surgiu no final do século XVI e permaneceu até o século XVIII, a representar uma esperança aos cativos e uma ameaça a autoridades e senhores. O grande mocambo de Palmares não estava, no entanto, concentrado em um único lugar. Ao contrário, reuniu várias comunidades interdependentes e articuladas no nordeste açucareiro de Pernambuco e Alagoas. Neste livro, pretendo mostrar como Palmares nasceu, cresceu, ganhou força e, finalmente, foi destruído. Para isso, apresento documentos de época e também dialogo com autores que ajudaram a construir a história desse quilombo.

Antes, porém, é importante conhecer a origem das palavras *mocambos* e *quilombos*, como ficaram conhecidas as comunidades de fugitivos no Brasil. A palavra *mocambo* significava acampamento militar e também moradias para a maioria dos falantes das línguas bantu da África Central e Centro-ocidental. No século XVII, a palavra *quilombo* referia-se a um ritual de iniciação de uma sociedade militar dos guerreiros dos povos imbangalas (chamados também jagas). Tais povos, falantes do quimbundu, realizaram uma expansão pelo interior angolano em territórios dos povos umbundus. E como prática sociopolítica, os imbangalas incorporavam os habitantes das regiões conquistadas por meio de um ritual denominado quilombo. A mesma palavra significava, para algumas sociedades africanas, uma espécie de estaca em formato de forquilha utilizada para construir moradias em acampamentos provisórios. Mesmo se observarmos que na África as palavras quilombos e mocambos tinham diversos significados e no Brasil estes termos aparecem sempre associados à formação de comunidades de fugitivos, podemos ressaltar a ligação entre os significados nos dois lados do Atlântico.

Não denominaremos Palmares de quilombo, porque na documentação relativa a essa comunidade ela é sempre referida como mocambo, como bem destacou o historiador Stuart Schwartz de forma pioneira. De fato, quase nunca a palavra quilombo – e muito menos quilombolas – aparece no século XVII. Só em 1687, no registro das "Condições ajustadas com o governador dos paulistas Domingos Jorge Velho para conquistar e destruir os negros de Palmares", fala-se de "alguns mocambos ou quilombos nestes sertões". Ou então em uma consulta ao Conselho Ultramarino de 1692, vê-se "os mais mocambos e quilombos que ocupam no Sertão". Ou seja, não consta a denominação *quilombo* até essas datas, mas sim *mocambo*. Somente no final do século XVII, em raras vezes, se encontra a palavra quilombo como sinônimo de mocambo. Schwartz também já chamou a atenção para o fato de que o termo *mocambo* aparece com mais frequência na documentação relativa aos fugitivos da Bahia, nos séculos XVII e XVIII; e o termo *quilombo* para Minas Gerais no século XVIII. Assim, *mocambos* – ao que parece – é a denominação mais antiga registrada já no final do século XVI, ao passo que *quilombo* vira sinônimo e passa a ser padrão nos séculos XVIII e XIX.

Devemos lembrar que os quilombos não representaram a única ou exclusiva forma de protesto ou resistência. Os mundos do trabalho em torno da escravidão (com opressão, violência, paternalismo, políticas de incentivo e outras formas de dominação) exigiram de senhores e escravos muitas políticas e estratégias. Controle sobre o ritmo do trabalho, organizações familiares, fugas temporárias, insurreições, ideologia da alforria e cooperação em termos étnicos e culturais foram algumas delas. Transformar as histórias dos quilombos nas Américas tão somente em capítulos da resistência escrava é retirar-lhes não apenas a historicidade e o legado, mas também a possibilidade de entender o funcionamento das sociedades nas quais se estabeleceram, assim como formas de domínio, percepções políticas, agenciamentos, negociação, violência e vida cotidiana existentes.

Um olhar plural é essencial até para entender um importante aspecto que se verifica atualmente em diversas regiões americanas: a formação de povoados remanescentes de quilombos, mocambos, *cumbes*, *maroons*, *palenques* e *cimarrones*. Algumas dessas comunidades atravessaram tempos coloniais e se transformaram nos mundos pós-coloniais. E depois, pós-escravistas. Em vários lugares, muitos destes povoados de fugitivos constituíram a base na construção de uma face do campesinato negro que luta, hoje, pela terra e direitos de cidadania. Muitas com longevidade e raiz cultural centenária, como aquelas nas florestas do Suriname, na Colômbia ou na Jamaica, entre outras. Enfim, em tempos atuais existem semelhanças de experiências, agentes, estratégias, origens e formas de organização.

Ainda há muito a ser pesquisado. Pouco conhecemos, por exemplo, sobre a autorrepresentação dos habitantes de milhares de mocambos no Brasil. E o que começamos agora a estudar é como quilombos foram inventados e se inventaram em termos étnicos, culturais, familiares, econômicos e sociais.

Atlântico e fugitivos em uma perspectiva hemisférica

Alguns autores classificaram a resistência escrava cotidiana, incluindo fugas e fugitivos temporários (que retornavam à condição de cativos, apesar das escapadas frequentes), de *petit marronage*; em contraposição à formação de comunidades de fugitivos estáveis e mais duradouras denominadas de *grand marronage*.

Nos séculos XVI e XVII, formaram-se várias – e importantes – comunidades de escravos negros fugidos nas Américas. Há evidências delas já em 1549 na Ilha de Margarita, na costa da Venezuela colonial e no México. No Panamá, um africano chamado Bayano comandaria considerável *palenque*. Ainda na Venezuela, no século XVI, outro *palenque* teve a liderança de um escravo crioulo de Porto Rico, rei Miguel. Uma das ancestrais das comunidades de fugitivos escravos aparece no próprio continente africano. No início do século XVI, um navio negreiro proveniente de Angola naufragou próximo à ilha de São Tomé e os sobreviventes africanos e seus remanescentes constituíram povoados denominados "Angolares", que contavam com centenas de habitantes em 1572. Um jesuíta, em 1597, já comparava tais comunidades africanas com aquelas que percebia surgindo no Brasil, temendo os mocambos que começavam a se estabelecer em Pernambuco e que poderiam fazer igual aos "seus parentes na ilha de São Tomé". Ressalta o historiador africanista John Thornton que são vários os exemplos – dessa vez nas Américas – de comunidades de fugitivos originadas a partir de naufrágios e seus sobreviventes, como o caso do Panamá em 1513, Peru em 1533, Granada em 1600 e Jamaica em 1689. No Brasil, há indícios de comunidades de fugitivos constituídas a partir de sobreviventes de naufrágios de navios e fugas quando de desembarques clandestinos na década de 1830, como em Mangaratiba, Rio de Janeiro. Comunidades surgiriam em diversas partes e ocasiões. Na região de Vera Cruz, no México, aparecem com destaque nos documentos centenas de fugitivos comandados por Nyanga no início do século XVII. Na Colômbia, o *palenque* de La Matuna foi chefiado por Benkos Biaho em 1600. Abriram caminhos para a liberdade e posteriormente para a formação do importante *palenque* de San Basílio, não muito distante de Cartagena. Na Jamaica, sob a liderança de Juan de Bolas, na primeira metade do século XVII – durante a etapa de ocupação espanhola –, fugitivos se movimentaram. Na ilha de São Domingos, havia famoso povoado de Bohoruco que resistiu no século XVII por quase cem anos. Ali também floresceria uma destacada comunidade liderada por François Makandal, entre o final da década de 1740 até 1758.

Comunidades de fugidos nas Américas

Os primeiros escritores viram essas comunidades independentes de fugitivos como ilhas de liberdade e as imaginaram repúblicas livres. Quando essa imagem foi desfeita por estudos minuciosos, alguns pareceram desapontados por verem os fugitivos não mais como "revolucionários" ou por saberem que aqueles que recentemente haviam experimentado a escravidão tão rapidamente a instalaram em sua própria comunidade. A expectativa do sentimento revolucionário parece bem clara na busca por consciência de classe nos escritos de estudiosos radicais.[...]

De fato, uma compreensão mais abrangente do contexto africano dos escravos ajudaria a entender as atitudes dos fugitivos e de seus líderes. Os escravos vieram de sociedades nas quais a escravidão era normal e difundida, e, como veremos, a liderança de muitas das comunidades foi exercida pela classe dominante africana, que, não fosse pelo infortúnio de sua própria escravidão, com certeza possuiria e comercializaria escravos. Naturalmente, provir de uma sociedade escravocrata não significa que alguém deseje ser um escravo ou que alguém (especialmente se não vier de um grupo social que a pratique) se sinta compelido a instituir a escravidão após ganhar a liberdade. Entretanto, quaisquer que tenham sido os sentimentos dos indivíduos fugitivos sobre a liberdade, a necessidade militar normalmente requeria uma liderança forte e isso vinha acompanhado de autoridade e desigualdade hierárquica.

Talvez a razão mais importante de as instituições africanas terem sido transferidas para as comunidades de fugitivos, em vez de para algum tipo de democracia libertária generalizada, foi a necessidade da defesa militar. O cenário militar era útil não só à decisão inicial dos fugitivos de escapar, mas era também essencial na defesa das novas comunidades tanto contra os euro-americanos quanto contra a hostilidade nativa. Deve-se lembrar que um grande percentual de escravos foi capturado nas guerras e, assim, possuíam, pelo menos, alguma experiência com os sistemas militares africanos. Desse modo, as comunidades de fugitivos quase sempre estavam sob controle forte e até mesmo autocrático.

(Fonte: THORNTON, John K. *A África e os africanos na formação do mundo atlântico, 1400-1800*. Rio de Janeiro: Elsevier, 2004, p. 380.)

Em várias partes das Américas, os fugitivos eram caçados por tropas e cães ferozes, como na Jamaica e no Suriname.

Ergueram-se grandes, pequenas, estáveis, provisórias e móveis comunidades além de povoados espalhados nas florestas, planícies e planaltos de Cuba, Jamaica, Colômbia, Peru, São Domingos e Guianas. No Brasil não foi diferente. Os primeiros mocambos datam de meados do século XVI. A primeira notícia surgiu na capitania da Bahia, em 1575. Embora uma legislação do Império Ultramarino Português definindo quilombo surgisse só em fins de 1740, autoridades e fazendeiros baianos andavam sobressaltados diante da movimentação de fugitivos desde meados do século XVI. No mesmo período, as câmaras locais determinavam quanto às ações de perseguidores e capitães do mato enviados aos mocambos. Um regimento de março de 1588 recomendava punição exemplar. No final do século XVI, os principais problemas da colonização – transformados em "inimigos" – eram (nesta ordem): fugitivos em mocambos, ataques indígenas e incursões de piratas pelo litoral. No início do século XVII, a capitania de Sergipe e principalmente a da Bahia constituíam empórios de mocambos. Há indícios de que os fugitivos dessas capitanias, no século XVII, tenham se articulado aos vários mocambos de Palmares. Na década de 1660, explodiu intensa repressão aos mocambos baianos e sergipanos, parte da qual capitaneada por Fernão Carrilho, que também combateria os *palmaristas* anos depois. Em Sergipe, noticiavam-se mocambos nas áreas de Itabaiana em 1662 e 1663. Na Bahia, falavam em Camarogipe, Cachoeira, Iguape, Maragogipe, Jaguaripe, Porto Seguro, Cairu, Jacuípe, Camamu, Rio das Contas, Jacobina, Geremoabo, Rio Vermelho, Itapicuru, Rio Real, Sergipe do Conde, Vila de São Francisco e Ilhéus. Entre os mais conhecidos mocambos baianos estão: Buraco do Tatu (1763), Orobó e Tupim (1795). O historiador Stuart Schwartz anotou dezenas deles entre 1614 e 1809. Surgiriam em torno do recôncavo e próximos de Salvador e dos sertões, tanto ao sul como ao norte da capitania baiana.

Na capitania da Paraíba, há evidências sobre mocambos nos últimos anos do século XVII, precisamente em 1691. Em 1731, planejou-se um ataque ao denominado Quilombo do Cumbe – sobre o qual existiam indícios de ter sido formado por grupos remanescentes dos ataques contra os mocambos de Palmares –, nos derradeiros anos do século XVII. Teriam assim alguns habitantes de Palmares migrado e organizado povoados na Paraíba? No Maranhão, falou-se de expedições punitivas em fins do século XVII. Entre 1701 e 1702, foram preparadas tropas para atacar mocambos entre os rios Turiaçu e Gurupi. Nos anos de 1731, 1739, 1753, 1774 e 1793, continuariam chegando notícias sobre mocambos naquela área. Não muito distante, no município de Guimarães, em 1811, um considerável mocambo foi descoberto e atacado.

Nas capitanias do Grão-Pará e do Rio Negro (esta só em meados do século XVIII), comunidades de fugitivos tiveram características peculiares, reunindo – mais do que em qualquer outra parte do Brasil – habitantes indígenas e desertores militares. Em 1734, apareceriam em correspondência com o rei de Portugal ordens para atacar tais mocambos. Rios e igarapés, nessas extensas regiões, ficariam repletos de fugitivos, como o rio Anauerapucu, em 1749. Em 1762, reclamações contra eles partiriam do rio Arauari. Nas décadas de 1760 e 1770, aumentou o número de mocambos, muitos dos quais formados por índios fugidos das vilas dos *Diretórios Pombalinos* – que substituíram os aldeamentos dos jesuítas, expulsos em 1757.

Seguindo os rios Tocantins, Solimões, Madeira, Rio Branco, Trombetas, entre outros tantos, mocambos floresceram em meio à vasta floresta. Das matas de Cametá, Baião, Mocajuba, na região do Tocantins, brotariam diversas denúncias de sua existência desde 1770. Nas áreas de fronteiras internacionais – destacadamente do rio Araguari –, entre o atual Amapá e a Guiana Francesa, temia-se tanto a existência de mocambos quanto a comunicação de fugitivos e escravos de colônias diferentes. Noticiavam-se a ocorrência de mocambos ali desde 1730 e as reclamações aumentariam nas décadas de 1780 e 1790. Fugitivos cruzavam as fronteiras e mantinham contatos com colonos e tropas francesas, além de indígenas e escravos que trabalhavam nas fazendas da Guiana Francesa. Produziram aventuras semelhantes àquelas dos *maroons* de Le Maniel, na ilha de São Domingos, no século XVII. Estes revezaram-se por quase cem anos entre lutas e alianças junto a espanhóis e franceses. E beneficiaram-se algumas vezes pela localização geográfica, posto que em diversas ocasiões autoridades espanholas deram pouca importância aos movimentos dos fugitivos, constituídos em sua maior parte de escravos do lado francês da Ilha. Assim, a perseguição desses *maroons* envolveu inúmeros interesses entre colonos, autoridades e disputas coloniais. Alguns lavradores e fazendeiros do lado espanhol comerciavam com os negros fugidos e os mantinham informados sobre qualquer movimentação de tropas francesas enviadas para persegui-los. Processo igual se deu nas fronteiras entre o Grão-Pará e a Guiana Francesa, envolvendo franceses, luso-brasileiros e a movimentação de fugitivos em comunidades.

Na Amazônia, destacam-se as áreas de manguezais e criação extensiva de gado em torno de Marajó, tais como Soure, Muaná, Arari, Chaves e Ilha de Joannes. Nessa região, juntamente com aquela do Baixo Amazonas – Santarém, Alenquer, Óbidos e Monte Alegre – destaca-se o incremento de mocambos no final do século XVIII. Os rios que banhavam Óbidos e Alenquer eram os que mais preocupavam os senhores. Lá, as comunidades remanescentes de negros e grupos indígenas do Brasil, Guiana Francesa e Suriname realizaram encontros transnacionais nas fronteiras já no século XX, de acordo com os estudos recentes do historiador espanhol José Ruiz-Peinado Alonso e também das pesquisas originais de Eurípedes Funes. Surgiriam também mocambos próximos a Belém, no Guamá, Cotijuba, Mosqueiro, Vigia e Acará; em torno dos longínquos rios Tapajós, Negro, Solimões, Xingu e Madeira, e nas regiões de Barcelos, Ega, Faro e Cintra.

Na capitania do Rio de Janeiro, há indícios da existência de mocambos desde 1625. Em 1645, o Senado da Câmara local tentava regular as tomadias dos apresadores de fugitivos. Em 1659, reaparecem notícias de mocambos não muito distantes da cidade do Rio de Janeiro. Das matas em torno da serra dos Órgãos, surgiram informações em 1653. Ao findar o século XVII, a questão permaneceria a mesma: sem solução e com aumento do número de fugas. O século seguinte foi igual em denúncias, razias e expedições antimocambos em Santo Antônio de Sá, Macacu, Icaraí, Bacaxá, Saquarema, Tanguá, Cabo Frio, Itaboraí, Marica, Campos dos Goitacazes e Campo Grande.

Na capitania do Espírito Santo – refratária à ocupação e colonização mais sistemáticas –, a correspondência colonial dava conta de mocambos no início do século XVIII. Embora fossem áreas de fronteiras abertas em termos econômicos, os primeiros registros sobre mocambos nas regiões de São Paulo e Minas Gerais datam somente do alvorecer do século XVIII. Mocambos em São Paulo, acompanhando a própria criação da capitania (desmembrada daquela das Minas Gerais) apareceram com força e provocaram denúncias nos anos de 1722, 1727, 1733, 1741, 1746 e 1751. Alguns temores brotaram do interior, como da região de Mogi-Guaçu, em 1766. Nas décadas de 1770 e 1780, se fizeram ouvir clamores – em 1773, 1778 e 1789 – nas áreas do Tietê. No raiar do século XIX, os alvos foram os mocambos das regiões de Itu, São Carlos, Itapetininga e Porto Feliz.

Extensas áreas de apresamento de índios e posteriormente aquelas de mineração transformaram-se igualmente em refúgios preferenciais. Na capitania de Minas Gerais, mocambos cresceram com o desenvolvimento da economia mineradora. Eram contabilizados entre o ouro e os diamantes clandestinamente desviados e a expansão das fronteiras auríferas. Carlos Magno Guimarães, importante historiador dos mocambos mineiros, anotou mais de 120 deles no século XVIII. Em Vila Rica, há notícias desde 1717. Nas décadas seguintes aumentariam em quantidade e na extensão territorial de sua movimentação. Mocambos – mais conhecidos como quilombos – tornaram-se muitos e com evidências em vários lugares, tais como Mariana, Sabará, Serro Frio, Tijuco, São João del Rei, Baependi, Vila Rica, Caeté, Campo Grande, Rio das Mortes, Diamantina, Pitangui e Paracatu, entre outras vilas e rincões.

No Rio Grande do Sul, há notícias a respeito de grupos de fugitivos desde 1768. E denúncias mais detalhadas surgem em 1773. Nas fronteiras com o Uruguai (especialmente o rio Jaguarão), existiam diversos locais com a denominação topográfica *quilombos*. O historiador gaúcho Mário Maestri Filho observa que em 1813 foi destruído um quilombo no "sertão da Serra Geral", próximo a Porto Alegre. As legislações coloniais – destacadamente aquelas locais que ordenavam as ações dos capitães do mato – foram fundamentais para reprimir fugitivos, tanto nos limites de áreas semiurbanizadas e de extração aurífera ou junto às regiões de *plantation* quanto nos sertões, quando tropas punitivas confundiam seus habitantes com índios, posto que dispersos nos grotões sob o manto protetor das matas inóspitas.

Do mesmo modo que Pernambuco – com Palmares, como veremos –, as capitanias de Minas Gerais, de Goiás e do Mato Grosso foram palco dos mocambos brasileiros coloniais mais populosos.

No Mato Grosso, destacam-se os mocambos do Quariterê (1770) e do Piolho (1795), com considerável estrutura populacional. Em Minas Gerais, registra-se o quilombo do Ambrósio com milhares de habitantes e centenas de casas.

As alianças – e também conflitos – de indígenas e fugitivos negros nas Américas estão bem documentadas. Embora melhor estudada em várias áreas do Caribe e sul dos Estados Unidos, africanos e seus descendentes se aproximaram e se misturaram com grupos indígenas em todas as Américas. Um caso bem conhecido é o das comunidades na Louisiana e principalmente a ampla colaboração dos índios seminoles, de acordo com a análise da historiadora norte-americana Jane Landers sobre as regiões coloniais espanholas na Flórida do século XVIII. Não poucas vezes, fazendeiros temeram tal articulação, como no caso da Carolina do Sul, México e em outras partes. Na própria Louisiana houve apoio de *maroons* ao levante indígena de Natchez, em 1729. Igual possibilidade amedrontaria colonos franceses e espanhóis, que disputavam regiões ao sul da América do Norte, por ocasião da conspiração de Point Coupee no século XVIII. Já no século XIX, na Geórgia, Mississipi e Alabama, entre outras áreas, são bem conhecidas as alianças, os conflitos e os níveis de miscigenação envolvendo negros fugitivos e micros-sociedades indígenas como os creek, cherokee e chicasaw. Nesses mesmos lugares, indígenas ajudariam a esmagar revoltas negras e a capturar fugidos.

Em várias regiões destacam-se a formação de comunidades miscigenadas de africanos e seus descendentes com populações indígenas. Os principais exemplos são os blacks caribs de Honduras, os caribs de São Domingos, os moskitos no México e os seminoles na Flórida. No Brasil colonial, temos evidências dessas formações de comunidades de negros miscigenados com índios nas capitanias do Grão-Pará, de Goiás, do Mato-Grosso e da Bahia. No Grão-Pará, fugitivos teriam tanto se articulado com os grupos indígenas ariquena, xaruma, tunaiana, tirió, waianas e pianocotó nas fronteiras como estabelecidos contatos – por meio de trocas e intermediários mercantis – com grupos *maroons* do Suriname, no caso os djukas, os alukus e os saramakas. Na Bahia, grupos de índios pataxós, maxacalis e mongóis juntaram-se aos quilombolas em Geremoabo,

O capitão Stedman combateu os quilombos do Suriname no final do século XVIII e produziu uma descrição detalhada da cultura, tratados de paz e estratégias de luta de seus habitantes.

em 1783. No Mato Grosso, índios e fugitivos se aliaram em torno dos mocambos denominados Quariterê e depois Piolho. Nessa época, surgiriam, além desses, os mocambos de Piraputunga, da Mutuca e da Pindaituba, entre os rios Piolho, Galera e Pindaituba. Na capitania de Goiás, a pesquisadora Mary Karasch demonstra a força colonial dos mocambos. Estavam estabelecidos tanto em áreas de mineração quanto nas franjas das fronteiras entre as capitanias de Minas Gerais e do Mato Grosso. Destacam-se os mocambos nas regiões de Três Barras, Tocantins e Arraias. Em 1741, falava-se do mocambo do Papuão; em 1746, um na região do Rio das Mortes; e, em 1767, o populoso mocambo do Bateeiro. Nessa região há indícios da miscigenação de fugitivos negros com os indígenas avá-canoeiros. Goiás representa a região brasileira – juntamente com a Amazônia – mais bem pesquisada sobre o assunto das relações envolvendo indígenas e quilombolas. Até 1760, quilombolas de Goiás foram atacados e perseguidos pelos indígenas xavantes. Da mesma forma, várias tropas antimocambos acabaram constituídas pelos indígenas caiapó, bororo e acroá. Posteriormente, houve um processo de integração, principalmente com inúmeros casamentos de fugitivos africanos e seus descendentes com mulheres xavantes. Entre 1760 e 1800, são noticiados tanto conflitos quanto atos de solidariedades entre quilombolas e xavantes. Em 1790, quilombolas entraram em confronto com os índios carajás. No final do século XIX, seria identificada uma comunidade camponesa afro-xavante, em Goiás.

Ao contrário de interpretações mais clássicas da historiografia, em nenhuma parte do Brasil os mocambos permaneceram isolados. Sua capacidade de interação com diversos outros setores sociais era o que mais assustava autoridades e fazendeiros. Frequentemente, os mocambos desenvolveram práticas econômicas integradas às economias locais e suas relações sociais eram complexas. Em muitas regiões brasileiras foram – de fato – reconhecidos como povoados de camponeses. Mocambos não eram comunidades fixas, isoladas e sem transformações. Conteúdos e peculiaridades políticas que algumas formas de aquilombamento adquiriram podem, sem dúvida, ter sido reflexo de várias e importantes transformações históricas. Foi o historiador gaúcho Décio Freitas quem primeiro tentou produzir uma tipologia sobre os quilombos brasileiros, havendo aqueles, segundo ele: "mineradores", "extrativistas", "pastoris" etc. Qualquer análise nessa direção deverá levar em conta os cenários sociodemográfico e econômico em que os mocambos surgiram, sua capacidade tanto de migração quanto de alianças com os outros setores da sociedade escravista, como cativos nas senzalas e grupos indígenas. Além disso, a geografia de sua atuação, em áreas de fronteiras econômicas abertas ou fechadas, também deve ser analisada. Para os *maroons* do Caribe, o historiador norte-americano Michael Mullin também apresentou uma tentativa de tipologia sobre as comunidades de fugitivos.

Diversos estudos ressaltaram que, diferentemente do que ocorria nas insurreições, revoltas e levantes de escravos, os quilombolas nas Américas não lutaram contra a escravidão. O que faziam, de acordo com essas pesquisas, era definir seus contornos e respectiva reprodução, uma vez que suas organizações e mesmo formas de colaboração e alianças com vários setores da sociedade envolvente deixavam intacto o regime escravista. Alguns autores – como Donald Ramos –, analisando Vila Rica, na capitania de Minas Gerais, nas primeiras décadas do século XVIII –, até sugerem que a existência dos mocambos significou uma "válvula de escape" para as tensões entre senhores e escravos na sociedade escravista e acabaram mesmo por inibir a eclosão de revoltas. As questões que se colocam em tais abordagens são as tentativas de produzir uma tipologia generalizante e cristalizada a respeito do protesto negro durante a escravidão. Embora nem sempre tendo ligações diretas, insurreições e mocambos se aproximaram sim, do mesmo modo como políticas e expectativas dos escravos (não só os que fugiam) dialogaram com as políticas senhoriais. Evasões temporárias podiam se agigantar, transformar fugidos eventuais em grupos mais articulados. A existência de mocambos no Brasil – e ampliamos para as Américas – e suas relações simbióticas, socioeconômicas e culturais foram fundamentais para abalar (embora de forma imaginária em muitos casos) as estruturas de várias sociedades escravistas. É como sugere o historiador Robert Slenes a respeito de um "escravismo por um fio", avaliando as experiências históricas de mocambos e quilombos no Brasil.

São vários os exemplos de como os quilombos nas Américas se articularam com revoltas escravas e promoveram ataques diretos a vilas e fazendas. A própria insurreição de São Domingos, em 1791, teria sido deflagrada em uma cerimônia sob a liderança de Boukman Dutty. Mesmo se considerarmos a Jamaica (depois de São Domingos e as Guianas) o local de maior número e impacto de revoltas escravas, vemos que havia grupos de fugitivos em povoados estáveis que atravessaram os séculos XVII, XVIII e XIX. Os *maroons* jamaicanos que se revoltaram na década de 1790 conheceram a deportação para Serra Leoa. Segundo o historiador Eugene Genovese, no Suriname, na Venezuela e na Jamaica, fugitivos em comunidades "inspiraram os escravos a desafiarem a autoridade branca e rebelaram-se". Muitas revoltas – ainda que não tivessem este objetivo – terminavam em aquilombamento, uma vez que batalhas eram travadas e os remanescentes procuravam as brenhas das florestas para se reorganizarem em comunidades. Contextos sociodemográficos a respeito da quantidade de africanos, proporção de homens livres e brancos, tensões políticas e caos econômico devem ser considerados para avaliações comparativas da ocorrências de revoltas, protestos escravos e comunidades de fugitivos nas Américas, como sugeriu, em estudo clássico, Orlando Patterson.

As possibilidades mais do que concretas de articulação de grupos quilombolas em áreas rurais e levantes de escravos em vilas e cidades atemorizavam sobremaneira fazendeiros e colonos. No Brasil, temos evidências de rumores de insurreições em Minas Gerais em 1756, nas quais os cativos contaram com o apoio de quilombolas. Em Salvador, no ano de 1814, eclodiram levantes – comandados por africanos – em que havia expectativas de se comunicarem insurgentes urbanos com quilombolas nos limites do recôncavo. Em 1838, no Rio de Janeiro, na região de Vassouras, Vale do Paraíba, aconteceu uma típica insurreição quilombola, com levantes em fazendas, assassinatos, saques e fuga planejada para um quilombo. Um exemplo histórico dessa articulação foi a revolta quilombola de Viana, no Maranhão, em 1867, quando centenas de revoltosos abandonaram seus mocambos nas matas do Turiaçu-Gurupi, viajaram dias para atacar propriedades no centro da vila de Viana. Na ocasião, redigiram um protesto, reclamando dos constantes ataques aos seus povoados (com destruição de suas lavouras), reivindicando a liberdade e ameaçando fazendeiros e autoridades, dizendo que contavam com o apoio de índios para um ataque geral nas vilas e fazendas da região.

Não necessariamente isolados, os quilombolas articulavam-se com as comunidades das senzalas.

Não poucas vezes – como apontou, em estudo clássico, Clóvis Moura – quilombolas perceberam a conjuntura política favorável para ampliar suas comunidades com o recrudescimento das fugas e para se associarem às revoltas populares mais amplas, com bases em suas próprias lógicas e não como manipulados. Esses foram os episódios do escravo Félix da região do Acará, durante a Cabanagem, no Grão-Pará, e, principalmente, o liberto Cosme, na Balaiada, no Maranhão, ambas em fins de 1830. Ali, revoltas populares articularam camponeses, escravos, libertos, fugitivos e quilombolas em batalhas rurais.

Nem tudo foi guerra, porém. Nas Américas, várias dessas comunidades viveram – em algumas situações e contextos – momentos de paz; não só porque conseguiram se proteger e assim escaparam da sanha reescravizadora, como também, e fundamentalmente, impuseram derrotas aos poderes coloniais, forçando ou estabelecendo negociações e tratados de paz. Há exemplos no México, Guiana, Jamaica e Brasil. Existem, entretanto, poucos estudos comparativos sobre as formas de negociação e tratados de paz entre quilombolas e as forças coloniais nas Américas. O historiador Herbert Klein anotou que um dos primeiros tratados surgiu no México, em Vera Cruz, assinado em 1609 pelo líder Nyanga. Há também indícios de tentativas de paz com fugitivos do Panamá, em 1570, e antes disso em Cartagena, em 1540, mas só efetivada em 1693. Na Martinica, em 1665, o líder *maroon* Francisco Fabulé ofertava paz, em troca de reconhecimento e liberdade.

Além dos que envolveram Palmares no Brasil – como veremos –, os tratados de paz nas Américas mais conhecidos foram aqueles dos quilombolas da Jamaica e do Suriname, nos séculos XVII e XVIII. Muito sabemos sobre eles pelos estudos de Richard Price, Kenneth Bilby e Mevis Campbell, além das abordagens panorâmicas de Genovese.

Na Jamaica, *maroons* comandados por Cudjoe, Accampong e outros, assinaram um tratado com os ingleses, em 1738, após décadas de batalhas nas florestas. Foram, então, reconhecidos a liberdade, a autonomia, a posse da terra e o direito de caçar e cultivar dos quilombolas. Em contrapartida, estes tiveram de reconhecer a legitimidade do poder colonial (em termos de jurisdição, inspeção e controle), concordar em comercializar seus produtos nas cidades vizinhas e ajudar a reprimir invasões estrangeiras e levantes escravos nas fazendas. Mais do que isso, eram obrigados a devolver às autoridades novos fugitivos. Ou seja, reconhecia-se a autonomia, porém se proibia a reprodução desses povoados a partir de novas levas de fugitivos. Houve tensões entre *maroons*, autoridades e fazendeiros a respeito do cumprimento desse tratado. Alguns grupos de *maroons* discordaram dos itens que continha e avaliaram com desconfiança as intenções dos ingleses. Reclamações senhoriais aumentaram, posto que as fugas recrudesceram. Permanecia o avanço dos fazendeiros sobre as terras ocupadas pelos quilombolas. Ainda assim, as relações entre eles e os escravos nas plantações foram abaladas com o anúncio de que novos fugitivos seriam rechaçados ou levantes acabariam sufocados. Entre 1795 e 1796, uma guerra quilombola explode na Jamaica. Os *maroons* de Trelawney – de acordo com Genovese – tiveram de lutar contra tropas coloniais acompanhadas de cães ferozes trazidos de Cuba, além dos *maroons* de Accampong e dos cativos das plantações, que se aliaram aos brancos.

No Suriname, desde o século XVIII, grupos de africanos fugidos atacaram plantações e estabeleceram sociedades. Em 1760, uma dessas sociedades de *maroons*, chamada de Aukaner (ou Djuka), negociou a paz com as autoridades coloniais holandesas, que reconheceram sua autonomia e permitiram a ocupação da terra em troca da devolução de novos fugitivos e de lealdade. Estavam estabelecidos ao longo do rio Marowijne (na fronteira com a Guiana Francesa). Anos antes, em 1749, outro grupo de fugitivos africanos, situado entre os rios Saramacca e Suriname, no centro do Suriname, havia negociado a paz com as autoridades coloniais. Remanescentes desses grupos existem até hoje, denominados saramakas, têm hoje cerca de 50 mil indivíduos. No entanto, dois pequenos grupos dissidentes dos saramakas continuaram os embates anticoloniais, vindo a formar o grupo matawai. Novos grupos de fugitivos surgiriam no final do século XVIII, entre os quais destacam-se os bonis (também denominados alukus). Estes, ao contrário dos grupos anteriores, só conseguiram estabelecer tratados de paz em 1860. Posteriormente, migraram para áreas de fronteira. Sua população atual é de cerca de seis mil pessoas, entre o Suriname e a Guiana Francesa. Com tratados de paz e negociações, ganharam espaço para suas culturas próprias e geraram microssociedades no interior da floresta, ao longo dos séculos XIX e XX, sem com isso permanecerem isolados.

No Brasil Colonial, na capitania da Bahia, em 1640 – portanto bem antes dos tratados de paz com Ganga-Zumba na década de 1670 –, autoridades da Câmara de Salvador chegaram a discutir a possibilidade de um tratado com mocambos baianos com o envio de um jesuíta que falasse sua língua. Aqueles deveriam render-se e engajar-se em tropas negras (Batalhões dos Henriques). Por pressão de fazendeiros locais – temerosos desse exemplo para escravos e outros mocambos na região – essa possibilidade de tratado, ao que se sabe, não foi levada adiante. Com relação ao Brasil pós-colonial, novos estudos têm demonstrado evidências de tentativas de negociação de rendição (não necessariamente tratados de paz) de grupos de quilombolas no Rio de Janeiro, Maranhão e Grão-Pará entre 1876 e 1880.

Uma história de Palmares

Para além da quantidade expressiva de mocambos ao longo da escravidão em mais de três séculos – e das atuais comunidades remanescentes, que contagens provisórias informam alcançar mais de quatro mil espalhadas de Norte a Sul, Centro-oeste, Nordeste e Sudeste, sem falar em áreas de fronteiras internacionais –, no Brasil floresceu talvez a mais importante, em termos demográficos principalmente, sociedade de fugitivos africanos e seus descendentes nas Américas. Constituíram-se assim inúmeros *espaços e territorialidades negras*, como demonstram os estudos do geógrafo Rafael Sanzio. No final do século XVI até meados do século XVIII, formou-se, cresceu, prosperou e finalmente foi destruída a maior das comunidades de fugitivos das Américas. Reunindo-se em várias comunidades interdependentes e articuladas: os mocambos de Palmares no nordeste açucareiro de Pernambuco e Alagoas.

Por que estudar Palmares? Tudo já foi escrito? Trata-se tão somente de um tema sobre a saga de heróis? Com significados exclusivamente étnicos? Um mundo da liberdade romantizada e lugar das certezas heroicas? Certamente não. Palmares percorreu um longo caminho historiográfico. E não vamos esmiuçar detalhes neste livro. Poderíamos apenas destacar o "inventário de memória" desse percurso – para usar o termo do historiador Evaldo Cabral ao analisar a Restauração Pernambucana –, em que o fenômeno de Palmares foi desqualificado como evento histórico e ao mesmo tempo ressignificado como símbolo de identidade e mobilizou desde cronistas do século XVIII, passando por colecionadores de documentos e sócios do Instituto Histórico Geográfico Brasileiro (IHGB) e Instituto Arqueológico Geográfico Histórico Pernambucano (IAGHP) até importantes intelectuais e movimentos sociais do século XX. Mas ainda assim Palmares merece ser revisitado? Sim. E não para procurar feitos heroicos. Ou uma suposta *história verdadeira*. A história de Palmares precisa ser relida à luz das experiências históricas do Império português e suas formas de domínio. Fundamentalmente, precisa ser relida à luz de uma história atlântica das estruturas e das agências. Necessita de reflexões articuladas tanto com a história de Angola quanto com as experiências conectadas do Atlântico Sul. Novas leituras a partir da história indígena e do indigenismo colonial dos séculos XVI e XVII. Mais ainda: uma releitura da história africana e desta no Brasil. Enfim, temos de retornar a Palmares. Até para nos perguntarmos por que essa sociedade não apareceu credenciada em certa história dos *movimentos nativistas* no Brasil, na qual foram alinhadas e transformadas em eventos, por exemplo, as Revoltas de Beckmann, dos Emboabas, a dos Mascates e Restauração Pernambucana.

O historiador Rogério Forastieri lembra como o conflito dos Mascates, em Pernambuco, com ponto alto em 1710, é transformado em *nativismo* pela historiografia, mas Palmares não. Também pouco adianta, como fizeram alguns, somente criticar a historiografia sobre Palmares e atacar a "militância" de seus autores. Análises mais recentes de Evaldo Cabral de Mello e Kenneth Maxwell mostram que os eventos da "Restauração Pernambucana" e a "Inconfidência Mineira" – como outros temas – também tiveram seus percursos historiográficos reconstruídos ao longo do século XIX e nas primeiras décadas do século XX. Enfim, sempre houve avaliações e intenções ideológicas em escolhas, homogeneidade e exclusões de eventos. Torna-se mais importante perceber e refletir sobre tais processos de *invenções historiográficas*. O passado é "silenciado" quando há a constituição de "não eventos", como nos ensina o antropólogo haitiano Michel Rolph Troiullot ao comparar a Revolução Francesa com a Revolução do Haiti e sua montagem ideológica na chamada "História universal".

Escravos africanos cada vez mais povoavam as serras da capitania de Pernambuco no século XVII.

Legado e dimensões de Palmares (1)

A repetição sistemática do exemplo de Palmares leva a outras reflexões, além daquelas explicitadas até aqui. Em primeiro lugar, o fato de que algumas das autoridades maiores, da sociedade mineira colonial, erigiram Palmares como símbolo de uma forma de rebeldia escrava que devia ser combatida a qualquer custo, para que não se repetisse. Essa é uma parte do processo que transformou Palmares em símbolo, ainda que em símbolo negativo.

O discurso explicitado pelos documentos evidencia, por um lado, a condenação, na medida em que se pretende evitar a repetição do fato. Por outro lado, ao passar a informação através de uma geração de administradores (governadores ou não) coloniais, o que se reforça é a permanência do conteúdo rebelde de Palmares. Implicitamente, as autoridades coloniais reconheciam que Palmares funcionava como símbolo e era tanto exemplo do que deve ser combatido como, para os escravos, exemplo a ser seguido. Na realidade o processo é o mesmo, só que o caráter de classe interfere na visão que se tem de Palmares.

O importante é perceber que, do processo de construção de Palmares como símbolo, participou o próprio Estado, que era escravista. Também é importante perceber que a realidade mineira, com sua enorme incidência de quilombos, está do outro lado desse processo. A preocupação com Palmares só se manifesta na medida em que a realidade explosiva da sociedade escravista mineira evidencia elementos típicos da rebeldia escrava consubstanciada em Palmares. Não fosse a realidade mineira tão rica em atitudes de rebeldia por parte dos escravos, provavelmente Palmares não teria sido tão lembrado pelas autoridades.

Como conclusão gostaríamos de reafirmar a necessidade do estudo dos quilombos para compreensão da sociedade onde eles se desenvolveram. Tais comunidades, ao se constituírem enquanto oposição à sociedade escravista, acabam por dar à dinâmica social traços específicos, cuja compreensão se torna indispensável se pretende atingir, num plano maior, a compreensão global da sociedade. É o que se deu na sociedade nordestina com a existência secular de Palmares, e na sociedade mineira colonial, com grande número de quilombos por nós identificados até agora. Uma visão confiável dos processos pelos quais passaram essas duas sociedades exige, necessariamente, o estudo de seus quilombos.

(Fonte: GUIMARÃES, Carlos Magno. Mineração, Quilombos e Palmares. Minas Gerais no século XVIII. In: REIS, João José; GOMES, Flávio dos Santos (orgs.). *Liberdade por um fio*: história dos quilombos no Brasil. São Paulo: Companhia das Letras, 1996, pp. 160-1.)

Neste livro, não tenho nenhum interesse em criar novos mitos, nem mesmo exorcizar e descontruir os antigos, o que nos levaria a produzir mitos invertidos. Palmares merece mais História e a reflexão de como – entre esquecimentos e narrativas heroicas – foi construída a sua memória histórica. Proponho-me a uma tarefa mais limitada. Apresentar uma narrativa panorâmica sobre Palmares, tentando apontar conexões, caminhos e possibilidades com as experiências atlânticas que juntaram Américas, Europas e Áfricas, entre os séculos XVI e XVIII.

PALMARES, HISTORIOGRAFIA E FONTES

Palmares sempre ocupou a literatura sobre História brasileira, ainda que os estudos acadêmicos sejam poucos. Já no século XVIII, os cronistas Rocha Pitta, Francisco Brito Freire e Domingos Loreto do Couto escreveram a respeito. A historiografia do século XIX – com Varnhangem e outros – pouca atenção daria ao tema. Paradoxalmente, nas revistas dos institutos históricos foram publicados pequenos artigos e, principalmente, considerável documentação manuscrita sobre Palmares.

Passada a Abolição em 1888, Palmares, Ganga-Zumba e Zumbi transformam-se em tema da militância política. Associações operárias, partidos comunistas e a chamada "imprensa negra" retomam em títulos, inscrições e pequenos textos nas décadas de 1920 e 1930 o que chamavam de "Epopeia de Zumbi". Ao mesmo tempo em que "ganharia" sentido político como referência/símbolo, Palmares não mais apareceria como tema importante nas compilações de documentos dos institutos históricos. Espaços na historiografia acadêmica? Muito pouco. Salvo engano, há poucas teses, dissertações e referências mais sistemáticas sobre Palmares na produção acadêmica nos últimos vinte anos.

No final do século XIX, Nina Rodrigues abordaria Palmares, inaugurando as interpretações culturalistas sobre os quilombos no Brasil. Segundo ele:

> Nas insurreições de negros escravos, anteriores às guerras santas dos muçulmis, de todo perde-se o cunho das lutas organizadas, enfraquece-se o nexo ao desígnio de um esforço pela liberdade, não se percebe mais vibrar o sentimento nostálgico da longínqua terra natal. As inspirações patrióticas ou

religiosas que as animaram se embatem talvez na insuficiência dos acontecimentos que delas chegaram aos nossos dias. E para esse resultado haviam de ter colaborado por igual o desprezo dos senhores pelos escravizados, a ignorância das leis que regem o desenvolvimento dos povos, a imprevisão da influência histórica que sobre os vencedores exerceram sempre os povos dominados. Difícil assim decidir hoje que nações pretas as promoveram, a que móveis imediatos obedeciam, quais os intuitos a que se propunham. Todavia, mesmo assim desconhecidas, de algumas se têm feito grandiosas epopeias da raça negra. E a mais sabida, sem dúvida a mais notável, dentre todas a que melhor escapou ao ingrato olvido dos pósteros, foi aquela que impropriamente se crismou de República dos Palmares.

(Fonte: RODRIGUES, Nina. *Os africanos no Brasil*. São Paulo: Cia. Editora Nacional, 1977, p. 71.)

Essas reflexões, posteriormente, foram desdobradas nos estudos de Arthur Ramos, Edison Carneiro e Roger Bastide. No final da década de 1920, Palmares seria evocado por Astrogildo Pereira em *A classe operária*, jornal do Partido Comunista do Brasil (PCB). Em 1935, Aderbal Jurema, outro intelectual comunista, dedicaria algumas páginas do seu livro *Insurreições negras* para falar de Palmares. Antes um pouco, também surgiu no romance histórico de Jayme Altavilla, *O quilombo de Palmares*.

Nas décadas de 1930 e 1940 também foram publicados vários artigos – acompanhados de documentos parcialmente transcritos – de Alfredo Brandão, historiador alagoano, tio materno de Octávio Brandão, influente dirigente do PCB. Aqui ou acolá, Palmares seria abordado em capítulos de livros sobre o negro e sua cultura no Brasil. Também nos Congressos Afro-brasileiros de Recife e Salvador, Palmares foi evocado em teses de congressos, como a de Divitiliano Ramos, igualmente intelectual comunista, e em documentos transcritos por Alfredo Brandão.

Nesse período, menos pelas análises (que ocorreram, diga-se de passagem), o destaque maior ficou para a obra do historiador português Ernesto Ennes, de 1938. Trazia compilado dezenas de documentos sobre Palmares. Localizados, selecionados e transcritos pelo próprio autor no então Arquivo Histórico Colonial, atual Arquivo Histórico Ultramarino (AHU) de Lisboa. Ennes era reconhecido arquivista, podendo se dedicar por longo período ao trabalho de identificação, coleta e transcrição. O historiador preparou um segundo volume de documentação transcrita sobre Palmares, em 1951, para ser publicado, o que não ocorreu. Essa obra inédita datilografada foi localizada em 1994 pela historiadora Sílvia Lara, fazendo parte do acervo da biblioteca particular de Hélio Viana, sob os cuidados institucionais da Unicamp.

Fechando a primeira metade do século XX, o estudo mais aprofundado seria o de Edison Carneiro. Militante comunista, Carneiro publicou *O quilombo dos Palmares*, inicialmente no México, em 1946. A primeira publicação em português aconteceria somente no ano seguinte. Estudioso do folclore das chamadas "culturas negras", Carneiro escreveu uma obra densa sobre Palmares. Tentaria identificar os "significados" culturais africanos desse. Sua obra permaneceria a mais completa sobre o tema, tendo surgido depois, apenas em 1954, a obra de Mário Martins de Freitas pela Biblioteca do Exército e, em 1956, o texto de Benjamim Peret, na revista Anhembi.

Em 1958, passados cerca de 11 anos, Carneiro reeditaria seu *O quilombo de Palmares*. A nova edição viria modificada, contando com novos documentos. Segundo Carneiro:

> O quilombo foi, portanto, um acontecimento singular na vida nacional, seja qual for o ângulo por que o encaremos. Como forma de luta contra a escravidão, como estabelecimento humano, como organização social, como reafirmação dos valores das culturas africanas, sob todos estes aspectos o quilombo revela-se como um fato novo, único, peculiar, uma síntese dialética. Movimento contra o estilo de vida que os brancos lhe queriam impor, o quilombo mantinha a sua independência à custa das lavouras que os ex-escravos haviam aprendido com seus senhores e a defendia, quando necessário, com armas de fogo dos brancos e os arcos e flechas dos índios. E, embora em geral contra a sociedade que oprimia os seus componentes, o quilombo aceitava muito dessa sociedade, um passo importante para a nacionalização da massa escrava.

(Fonte: CARNEIRO, Edison. *O quilombo dos Palmares*. 4. ed. Fac-similar. São Paulo: Cia. Editora Nacional, 1988, pp. 24-5.)

No final dessa década, também surgiria um artigo de Divitiliano Ramos e a importante obra de Clóvis Moura: *Rebeliões de senzalas*. Em 1965, no quadro internacional, Palmares seria analisado no artigo do antropólogo Raymond K. Kent. Ao longo dos anos 60, não surgiriam análises mais específicas sobre Palmares. Baseando-se na bibliografia já existente, apareceria abordado em capítulos de obras sobre escravidão e o negro no Brasil. Um destaque para as reflexões de Clovis Moura, em 1959 e 1972, assim como os estudos de José Alípio Goulart (1972) e Luiz Luna (1968).

Definição de quilombos

O quilombo era uma sociedade alternativa ou paralela de trabalho livre encravada no conjunto do escravismo colonial que constituía a sociedade maior e institucionalizada. O seu agente social era o negro-escravo inconformado que traduzia este sentimento no ato de fuga. Este era o primeiro estágio de consciência rebelde, obstinada e que já expressava e refletia um protesto contra a situação em que estava submerso. O negro fugido era o rebelde solitário que escapava do cativeiro. O segundo estágio era a socialização desse sentimento, e, em consequência, a sua organização com outros negros fugidos em uma comunidade estável ou precária. Era, portanto, a passagem, no nível de consciência, do negro fugido para o de quilombola. O seu protesto solitário adquiria um sentido social mais abrangente e já expressava em atos de interação coletivos. O quilombola era, portanto, um ser social com uma visão menos fragmentária da necessidade de negar coletiva e organizadamente o instituto da escravidão.

Historicamente o quilombo aparecerá como unidade de protesto e de experiência social, de resistência e reelaboração dos valores sociais e culturais do escravo em todas as partes em que a sociedade latifundiário-escravista se manifestou. Era a sua contrapartida de negação. Isto se verificava na medida em que o escravo passava de negro fugido a quilombola.

Esses núcleos de ex-escravos manipulavam assim os seus valores culturais ancestrais e a experiência empírica adquirida no trabalho das plantations, dando-lhes um novo conteúdo. Isto é: transformando-o em trabalho livre. E com isto imprimia um selo de negação ao trabalho executado no quilombo em confronto com o trabalho executado nas fazendas escravistas. Era, portanto, uma negação total no seu universo existencial e de trabalho que se verificava ao transformar-se em quilombola. Tudo isto se refletirá na nova organização sociopsicológica do agente rebelde, a qual se expressará numa dinâmica oposta àquela do escravo pois refletirá um nível de reflexão coletiva que era oposta à reflexão que ele tinha na condição anterior. O quilombo era, portanto, um ser novo, contraposto ao escravo e que somente enquanto quilombola podia assim pensar e sobretudo agir. O interior quilombola tinha, por isto mesmo, como unidade permanente o anseio de conservar a liberdade conquistada quando objetiva e subjetivamente negou a ordem escravista e consequentemente a sua condição de escravo. Era, portanto, um ser para si no nível em que se reconhecia e se reencontrava na negação dessa ordem.

O quilombo tinha portanto como justificativa de existir essa resistência radical por parte do ser escravizado, era um módulo de protesto organizado, o qual variava de tamanho e de particularidades, região, detalhes etc. Mas a sua substantividade se expressava na negação do sistema.

(Fonte: MOURA, Clóvis. A quilombagem como expressão de protesto radical. *Os quilombos na dinâmica social do Brasil*. Maceió: Edufal, 2001, pp. 103-4; grifos do autor.)

A grande revisão sobre o tema surgiria no final dos anos 70, com os estudos de Décio Freitas. Ele foi, sem dúvida, o historiador que mais se aprofundou sobre Palmares. Exilado desde o final da década de 1960, Freitas realizou uma extensa e profunda investigação em arquivos portugueses (Arquivo Histórico Ultramarino, Biblioteca Nacional de Lisboa, Biblioteca da Ajuda, Biblioteca e Arquivo Distrital de Évora, Arquivo Nacional da Torre do Tombo e Casa de Cadaval) e fez viagens de pesquisas (quando da sua clandestinidade em função da perseguição e exílio político) ao Brasil. Freitas apresentaria em 1978, 1981 e 1984 edições revisadas e ampliadas de *Palmares: a guerra dos escravos*, publicado pela primeira vez em 1973.

Visões da historiografia

Na história das revoltas escravas brasileiras, a de Palmares ocupa lugar ímpar. Não foi apenas a primeira, mas, também, a de maior envergadura. No decurso de quase um século os escravos da então capitania de Pernambuco resistiram às investidas das expedições continuamente enviadas por uma das maiores potências coloniais do mundo. Projeta-se como acontecimento dominante da história pernambucana na segunda metade do século XVII e como um dos mais sérios problemas que a administração colonial lusitana teve de enfrentar no Brasil. Pois inúmeras vezes a coroa admitiu francamente que a extinção de Palmares teve uma importância comparável à expulsão dos holandeses. Comandadas por alguns dos melhores chefes militares da época,

> mais de trinta expedições - provavelmente o número passou de quarenta - marcharam contra Palmares, no mais prolongado e árduo esforço bélico da história colonial, à parte o da luta contra os holandeses. Na história das Américas, só perde em importância para o Haiti. Um historiador como Oliveira Martins, que certamente não pecava por simpatia para com os escravos, viu em Palmares uma Ilíada e batizou Macaco, a capital palmarina, de Troia Negra. Ainda hoje, à distância de quase três séculos, seu acento libertário e seu socialismo infuso suscitam emoção e entusiasmo.
>
> (Fonte: FREITAS, Décio. Apresentação. *Palmares: a guerra dos escravos*. 2. ed. Rio de Janeiro: Graal, 1978, pp. 12-3.)

O último trabalho em livro sobre o tema aparece em 1988. Uma primeira versão deste data de 1978, elaborado como mestrado na École de Autes Études, em Paris. Seu autor, Ivan Alves Filho, juntamente com Décio Freitas, foi quem mais realizou novas pesquisas arquivistas sobre Palmares. Dentre as qualidades do estudo de Alves Filho, destacam-se o esforço de identificação das fontes e a utilização de referências. Também como Freitas e Carneiro – e outros autores anteriores –, Alves Filho era ativista político com ligações com o Partido Comunista, tendo ficado exilado na década de 1970 na França. Seu livro é até hoje a obra mais atualizada e referenciada com documentos sobre Palmares.

Até os anos 70, as análises historiográficas sobre Palmares basearam-se nas transcrições das revistas dos institutos históricos do século XIX e início do XX, nas fontes publicadas por Ennes e em alguns documentos coligidos por Edison Carneiro. O que se falava sobre economia, política e religião de Palmares baseava-se fundamentalmente em poucos documentos. Alguns autores ainda defendiam a tese do suicídio de Zumbi. Não tinha havido até aquela ocasião nenhum esforço de investigação mais sistemática em arquivos portugueses (dando sequência, por exemplo, ao trabalho de Ennes), tampouco uma tentativa de localização e organização das fontes já publicadas e mesmo a utilização dos documentos compilados por Ennes.

O esforço de pesquisa mais completo sobre Palmares encontra-se mesmo na obra de Décio Freitas, no final da década de 1970 e início da de 1980. Suas análises trouxeram novos pontos de reflexão sobre o tema de Palmares. Enterraria em definitivo a tese do suicídio de Zumbi, abordaria a existência de "escravidão" no interior de Palmares e divulgaria (documento até hoje não transcrito e nem localizado por outros historiadores em pesquisas posteriores) a versão de que Zumbi fora capturado ainda pequeno em Palmares e educado em português por um jesuíta em Pernambuco, sabendo ler e escrever. As abordagens de Freitas surgiram em um momento de repressão política, ditadura e censura, ao mesmo tempo em que reapareciam movimentos políticos contra a discriminação racial – como o Movimento Negro Unificado, em 1978. Já na década de 1970 e 1980, com o *quilombismo* de Abdias do Nascimento, despontaram ideias em torno do quilombo com as lutas antirracistas e suas perspectivas internacionais (como o *palenquismo* do Panamá). Tratou-se de um movimento intelectual muito importante e de dimensões transnacionais que ainda carece de estudo detalhado. Em meados dos anos 80, também o historiador Joel Rufino dos Santos publicaria um livro sobre Zumbi.

Quilombismo e militância antirracista

Os quilombolas dos séculos xv, xvi, xvii, xviii e xix nos legaram um patrimônio de prática quilombista. Cumpre aos negros atuais manter e ampliar a cultura afro-brasileira de resistência ao genocídio e de afirmação da sua verdade. Um método de análise, compreensão e definição de uma experiência concreta, o quilombismo expressa a ciência do sangue escravo, do suor que este derramou enquanto pés e mãos edificadores da economia deste país. Um futuro de melhor qualidade para a população afro-brasileira só poderá ocorrer pelo esforço enérgico de organização e mobilização coletiva, tanto da população negra como das suas inteligências e capacidades escolarizadas, para a enorme batalha no fronte da criação teórico-científica. Uma teoria científica inextricavelmente fundida à nossa prática histórica que efetivamente contribua à salvação da comunidade negra, a qual vem sendo inexoravelmente exterminada. Seja pela matança direta da fome, seja pela miscigenação compulsória, pela assimilação do negro aos padrões e ideais ilusórios do lucro ocidental. Não permitamos que a derrocada desse mundo racista, individualista e inimigo da felicidade humana afete a existência futura daqueles que efetiva e plenamente nunca a ele pertenceram: nós, negro-africanos e afro-brasileiros.

> Condenada a sobreviver rodeada ou permeada de hostilidade, a sociedade afro-brasileira tem persistido nesses quase 500 anos sob o signo de permanente tensão. Tensão esta que consubstancia a essência e o processo do quilombismo.
>
> Assegurar a condição humana do povo afro-brasileiro, há tantos séculos tratado e definido de forma humilhante e opressiva, é o fundamento ético do quilombismo. Deve-se assim compreender a subordinação do quilombismo ao conceito que define o ser humano como seu objeto e sujeito científico, dentro de uma concepção de mundo e de existência na qual a ciência constitui uma entre outras vias do conhecimento.
>
> (Fonte: NASCIMENTO, Abdias do. Quilombismo: um conceito científico emergente do processo histórico e cultural da população afro-brasileira. *O quilombismo*. 2. ed. Brasília/Rio de Janeiro: Fundação Palmares, 2002, pp. 272-4.)

Nos anos 80 – no campo da historiografia acadêmica sobre escravidão –, cabe destacar o artigo de Stuart Schwartz, que levanta várias questões para uma revisão histórica sobre Palmares. Em geral, os debates sobre Palmares foram extremamente politizados, porém, quase sempre desconectados da produção historiográfica acadêmica sobre escravidão ou história colonial. Grande parte dessas fontes estava transcrita em obras raras do século XIX e nos estudos realizados por Ernesto Ennes e Édison Carneiro, na primeira metade do século XX. E há ainda fontes depositadas no IHGB, no Arquivo Nacional, no Arquivo do Itamarati e principalmente na Biblioteca Nacional. Mais recentemente, pouco antes de falecer, o historiador Décio Freitas publicou um repertório comentado de fontes sobre Palmares, trabalho que tinha iniciado nos anos 80 em um projeto da Universidade Federal de Alagoas.

Valem aqui alguns comentários sobre a documentação disponível sobre o tema. De maneira geral, os documentos relativos a Palmares concentram-se nas décadas finais da sua destruição (1671-1696). Pouco sabemos, em termos quantitativos de fontes, sobre os anos iniciais de Palmares e/ou a respeito do período da ocupação neerlandesa. É justamente a partir de 1670 – com o incremento das expedições punitivas –, o período em que mais temos informações sobre Palmares.

De outro modo, considerando que o marco historiográfico para a destruição de Palmares (basicamente o assassinato de seu principal líder, Zumbi) é o ano de 1695, existem documentos relativos aos anos subsequentes. A guerra contra Palmares continuaria até pelo menos 1716. A documentação revela que, apesar de Zumbi ter sido assassinado e o principal mocambo invadido, os remanescentes de Palmares continuaram na região. Parte teria migrado para regiões das capitanias da Paraíba, da Bahia e do Rio Grande do Norte, enquanto outros grupos mantiveram-se na Serra da Barriga e adjacências. Prisioneiros dos ataques teriam sido deportados (os líderes), vendidos para a capitania do Maranhão (homens e adultos) e divididos (mulheres e crianças) entre os paulistas como recompensa de guerra. Além disso, documentos demonstram que a preocupação das autoridades coloniais quanto à existência de Palmares perdurou até meados do século XVIII. Nas primeiras décadas ainda tentavam capturar Camoanga e depois Mouza, os líderes de Palmares após Zumbi. Além da permanência das preocupações com o ressurgimento dos mocambos e a movimentação de seus habitantes, a documentação relativa ao século XVIII aponta para iniciativas ligadas à ocupação de terras, à solicitação de sesmarias, ao envio de missões religiosas e militares e a outras estratégias do poder colonial e daqueles locais, visando ao controle e à posse de terras na região onde se localizou Palmares. Até pelo menos 1757, tropas militares permaneceram (em uma espécie de colonização militar) naquela área sob a argumentação de impedir tanto o ressurgimento de Palmares como salvaguardando a ocupação e economia das sesmarias doadas no início do século XVIII.

A documentação sobre Palmares, no entanto, é quase totalidade de natureza pública. São pareceres, consultas, bandos e alvarás das autoridades e dos órgãos administrativos coloniais. Destacam-se os pareceres e consultas do Conselho Ultramarino, criado em 1642. Por ocasião de saques, razias, preparação de expedições etc., conselheiros e governadores das capitanias (fundamentalmente a de Pernambuco) trocavam correspondência. Pouco é revelado sobre o que é Palmares internamente e como viviam seus habitantes. Sabe-se mais a respeito das estratégias para destruí-lo e a preocupação sobre sua existência tão somente. De outro modo, cartas e registros de patente recuperam uma interessante face sobre Palmares. Tratam-se das solicitações de pensão, pecúlio, terras e padrões feitas por antigos militares – ou mesmo descendentes deles – que justificam seus pedidos, relatando brevemente participações assim como atos de bravura e heroísmo em guerras contra Palmares. Emerge assim um certo tipo de "memória" sobre expedições e guerras antimocambos. Enfim, a natureza da documentação de Palmares manuscrita disponível é pública, administrativa e militar. Tampouco conhecemos as fontes neerlandesas sobre esse mocambo.

Mas, para Palmares, como são denominados seus habitantes? Na documentação aparecem como "negros de Palmares", "negros do Palmar", "negros alevantados" ou "negros da Guiné". A palavra "negro" nesse período é sinônimo de escravo. Portanto, as denominações falam de escravos (fugitivos) de Palmares ou escravos sublevados. A historiografia transformou os habitantes de Palmares em "palmarinos", mas continuamos a saber muito pouco sobre como eles se viam e se representavam em termos de organização social. Seguindo uma sugestão de Luiz Felipe de Alencastro, em sua obra *Trato dos viventes*, recuperamos a denominação de *palmaristas* que aparece pela primeira vez no extenso documento "Relação das Guerras feitas aos Palmares de Pernambuco no tempo do Governador Dom Pedro de Almeida (1675 a 1678)". Sendo assim, escolhemos nos referir aos habitantes de Palmares pela denominação da época de *palmaristas*.

Cenários e horizontes: as serras da capitania de Pernambuco

Palmares estabeleceu-se em pleno coração do Império colonial português nas Américas. Até o início do século XVIII, Pernambuco e Bahia eram as capitanias mais importantes para os interesses comerciais lusitanos, principalmente economicamente. Por volta de 1570, na capitania de Pernambuco havia 23 engenhos, e esse número chegaria a 66 em 1585. Em 1583, existiram 66 engenhos em Pernambuco com 2 mil escravos africanos. Cada unidade produtiva explorava aproximadamente 100 cativos e os índios perfaziam na época dois terços da força de trabalho nos engenhos. Enfim, a mão de obra predominante – entre aquela escravizada ou utilizada como trabalhadores compulsórios aldeados – era indígena. Entre 1583 e 1585, o número total de engenhos no Brasil variava de 108 a 128, mais da metade deles em Pernambuco. Tornar-se-ia, assim, a principal região produtiva de açúcar na chamada América Portuguesa.

Nas duas primeiras décadas do século XVII, aconteceria uma transformação com a incidência de mão de obra africana. Segundo Schwartz, foram poucos os africanos que chegaram antes de 1550 e entre 1580 e 1600 – comparativamente ao século XVII. Um volume que alcançava 2 mil por ano. Frederic Mauro faz uma estimativa menor. De acordo com o padre jesuíta Anchieta, entre 1580 e 1590 havia cerca de 10 mil escravos em Pernambuco. Um número talvez exagerado. Outros cronistas de época, como Fernão Cardim e Gabriel

Soares de Sousa, estimavam entre 2 mil e 5 mil escravos. Pensando em toda a Colônia em 1600, dizia-se haver de 13 a 15 mil escravos africanos e 130 engenhos, com cerca de 70% da mão de obra africana. Em 1638, existiam por volta de 107 engenhos em Pernambuco.

Na primeira metade do século XVII – conforme o historiador norte-americano Philip Curtin –, entraram pelos portos brasileiros cerca de 4 mil africanos por ano. Na década de 1620, chegavam em Pernambuco 4 mil africanos por ano, e na Bahia cerca de 2.500 a 3 mil. Entre 1650 e 1670, esse número alcançaria uma média de 7 a 8 mil escravos. O tráfico para o Brasil proveniente de Angola chegou a 150 mil escravos no período de 1600 a 1625; e 50 mil de 1625 a 1670. Mas havia também muito contrabando de escravos. Uma estimativa aponta de 360 a 500 mil africanos de Angola no período de 1650 a 1700. De 1620 e 1623, o volume anual do tráfico entre o porto de Recife e os entrepostos africanos alcançava a cifra de 15.430 escravos. O impacto desse comércio negreiro entraria em colapso com a ocupação holandesa; de 1623 e 1636, os holandeses comercializariam apenas 2.356 escravos.

Registra o historiador Pedro Puntoni que, embora havendo controle holandês no porto de Recife, mesmo assim os negreiros portugueses continuariam clandestinamente abastecendo os engenhos pernambucanos de africanos. Posteriormente, os holandeses ocupariam as feitorias africanas de São Jorge da Mina (1637), Luanda e Benguela (1641) e passariam a controlar o tráfico nas suas áreas de colonização.

A viagem de Angola para Pernambuco durava em média 35 dias. Os índices de mortalidade durante a travessia eram altíssimos, alcançando as médias de 18% para Guiné e 16% para Angola, segundo o estudo de Puntoni. Em 1642 e 1643, a mortalidade em Guiné alcançou 24% em função das epidemias de varíola. Entre 1630 e 1653, entrariam cerca de 26.286 escravos no Brasil holandês, sendo 55% provenientes de Angola e 45% da Guiné. Segundo Luiz Felipe Alencastro, em 1639 a Companhia das Índias Ocidentais (WIC) enviou para Pernambuco 2.400 africanos vindos de Daomé, Benin, delta do Níger, Calabar e Camarões. As disputas entre holandeses e portugueses prosseguiriam, e também vários mercadores africanos se enfrentavam em torno do abastecimento de africanos escravizados.

No final do século XVII, milhares de africanos escravizados foram desembarcados no Recife e em Salvador. Os navios chegavam abarrotados.

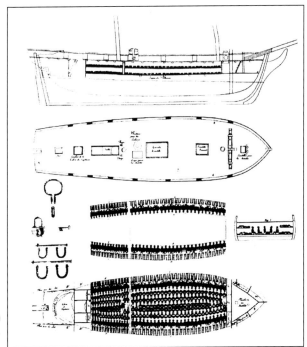

Planta baixa de um navio negreiro.

Há notícias de embaixadas de chefes africanos enviadas a Recife e a Haia para negociar diretamente com os holandeses em 1642. O interior africano continuaria sendo controlado pelas relações entre traficantes portugueses e sobas (chefes) africanos.

Palmares nasceu, portanto, com o mundo do açúcar do Brasil e o posterior aumento do fluxo do tráfico negreiro. A partir de meados do século XVI, os portugueses, abandonando o comércio de pau-brasil – efetuado por feitorias e escambos junto aos indígenas –, dedicam-se cada vez mais à produção açucareira. Viriam também colonos. Nem todos eram nobres ou pessoas ricas na Europa. Muitos chegavam em busca de novas oportunidades no Brasil, riquezas e lucros açucarados. Foi nesse cenário que surgiram vários mocambos e seus protagonistas. Lembra Evaldo Cabral que as estimativas populacionais para o Nordeste são controvérsias. Em 1639, deveria haver 149 engenhos e supondo uma média de 500 pessoas por engenho – escravos e índios de serviços –, representaria um montante de 75 mil pessoas. Mas há ainda uma considerável população dedicada a agricultura de alimentos. Pode-se falar, então, de 110 a 120 mil habitantes para o Nordeste, sem contar a população do "gentio bravo", como eram denominadas as populações indígenas nos sertões e sem intervenções coloniais diretas.

A vida de liberdade construída nos mocambos não era algo romântico. Apesar de pouco conhecer sobre cotidiano nessas comunidades, sabemos que a sistemática repressão tornava difícil a vida de muito dos fugitivos. Temos mais informações sobre os milhares de africanos e escravos nos engenhos por meio de cronistas contemporâneos e análises sociodemográficas a partir de inventários e estudos de caso.

Estudando e comparando a vida escrava nos engenhos brasileiros no Nordeste colonial dos séculos XVI, XVII e XVIII, Stuart Schwartz destaca as péssimas condições de trabalho em termos de vestuário, moradia e alimentação. Em 1604, havia denúncias de que cativos passavam fome. Dois anos depois, a Coroa portuguesa ordenaria a alimentação suficiente para os escravos. Enquanto isso, senhores reclamavam dos constantes roubos praticados por cativos. Em fins do século XVII, ao que se sabe, será generalizada a política de concessão de dias e lotes de terra a fim de que os escravos produzissem para o seu próprio sustento – que se transformaria quase em direito costumeiro nos séculos XVIII e XIX. O alimento básico das senzalas seria a farinha de mandioca.

Em um ritmo de trabalho intenso, os escravos (inicialmente misturados a indígenas e africanos) atuavam nas plantações e no corte de cana e de lenhas. No fabrico do açúcar e no trabalho no engenho havia tarefas, funções e ocupações mais especializadas, como caldeireiro e mestre de açúcar. Como destacou Schwartz, predominavam a "coação física, o açoite e as ameaças de castigos piores". Cronistas registraram a crueldade dos senhores de engenhos e seus feitores. Já em 1688 surge uma lei sobre denúncias de maus-tratos infringidos aos escravos. Controle feitorizado e coerção física podiam ser combinados com instrução religiosa básica e tempo destinado à economia própria.

Os engenhos em Pernambuco eram inicialmente pequenos e movidos a bois e cavalos. Em fins do século XVII ainda predominava a mão de obra indígena. A estrutura de posse era de aproximadamente 30 a 40 escravos por engenho, índice alterado no século XVIII. Homens e africanos predominavam sobre mulheres, crianças e crioulos. Havia mesmo escassez de mulheres africanas nas senzalas. Com o volume do tráfico negreiro e o alto índice de mortalidade infantil, a população de crioulos nunca ultrapassaria os 30%. A mortalidade seria combinada com as baixas taxas de natalidade e poucos casamentos de escravos sancionados pela Igreja.

As fugas constantes preocupavam sobremaneira autoridades e senhores de engenho. Em 1608, uma carta destinada ao rei de Portugal descrevia a situação enfatizando a utilização da mão de obra indígena, posto a crescente e sistemática fuga de africanos e formação de comunidades de fugitivos:

> não ser necessário a este estado tanto negro de guiné os quais é a maior parte da pobreza dos homens porque tudo gastam na compra deles e quando cuidam tem cinquenta negros que um engenho há mister acham-se com menos da metade porque fogem e metem-se pelos matos, e são tantos os que desta maneira andam que fazem aldeias, e andam alevantados e ninguém pode com eles e podem crescer de maneira que custe muito trabalho o desbaratá-los.

Ao que se sabe, os primeiros núcleos de fugitivos de Palmares instalam-se nas últimas décadas do século XVI. Segundo consta, seus primeiros habitantes teriam sido cerca de 40 cativos que promoveram uma insurreição em um engenho próximo a Porto Calvo, uma das principais vilas, então, da capitania de Pernambuco. O objetivo da revolta seria a fuga coletiva para a floresta para formarem um mocambo? Não sabemos. Em 1597 temos a primeira referência documentada sobre a existência de mocambos nas serras da capitania pernambucana. Registros históricos davam conta de haver nas serras da capitania "negros de guiné levantados" [sublevados]. Eram mencionados como "primeiros inimigos" e que estavam em "algumas serras, donde vêm a fazer [assaltos] e dar muito trabalho". As fugas de escravos sempre foram uma constante na colônia. Em Pernambuco não foi diferente.

Imagens sobre mocambos no início da colonização (século XVI)

Tem os portugueses moradores nestas partes três gêneros de inimigos por mar e por terra, e um só de amigos, e chega a tanto a cega cobiça, que só aos amigos fazemos guerra, largando o campo aos contrários, e deixando-os cada vez tomar mais força e ânimo.

Os primeiros inimigos são os negros de Guiné levantados que estão em algumas serras, donde vem a fazer [assaltos] e dar algum trabalho, e pode vir tempo em que se atrevam a cometer e destruir as fazendas, como fazem seus parentes na ilha de São Tomé.

Os segundos inimigos são uns gentios por extremo bárbaros por nome Aimorés, os quais tendo quase destruídas as Capitanias dos Ilhéus e Porto Seguro, estão já no termo desta cidade, e tem feito o mesmo dano e estrago em alguns engenhos e fazendas e vão se cada dia fazendo mais fortes e ganhando mais terras. Estes não pelejam em campo nem cometem onde primeiro são vistos, mas fazem [assaltos] nos matos à traição, com arcos, flechas e tratam e ferem cruelmente a gente e de feridas tão grandes que parecem de albardas.

Não tem língua que os outros índios entendam, nem querem outro comércio mais que matar homens, e os assar e comer.

Os terceiros inimigos são os franceses, os quais estes anos passados tem feito muito dano e estrago em toda a costa, assim nos navios que navegam por estes mares, como na terra saqueando alguns lugares. O escudo, muro e baluartes dos portugueses contra todos estes inimigos são os índios de paz que estão juntos das nossas povoações, os quais antigamente eram infinitos, mas com doenças que neles deram e com os contínuos agravos, e muitas sem razões, e mau tratamento que recebem dos portugueses, são já poucos, e esse não param daqui a 200 ou 300 léguas pelo sertão adentro.

(Fonte: Carta do padre Pero Rodrigues, provincial da província do Brasil, da Cia. de Jesus, enviada ao padre João Álvares da mesma Companhia, assistente do Padre Geral, em 01/05/1597. Cópia de Manuscrito existente na Biblioteca Nacional. Ver publicação em *Anais da Biblioteca Nacional*, v. 20, 1898, p. 255.)

Nos canaviais, os escravos trabalhavam nas plantações e no corte de cana.

Cativos fujões e insubordinados eram punidos com açoites e diversos tipos de castigos físicos.

As serras de Pernambuco foram consideradas locais ideais para refúgio dos *palmaristas* e para os mundos que desejavam criar. Havia ali não só um mocambo, mas vários, talvez dezenas. Cercados por montanhas e florestas de difícil acesso, os habitantes de Palmares contavam com uma considerável proteção natural. O local, escolhido devido à flora e à fauna, também proporcionava caça e pesca abundante, como igualmente a colheita de frutos, raízes e plantas. Nesse sentido, os *palmaristas* poderiam garantir sobrevivência, bem escondidos no interior da floresta.

Os mocambos de Palmares situavam-se à distância de 120 quilômetros do litoral de Pernambuco. O local escolhido pelos *palmaristas* foram as serras da região, entre as quais destacava-se a serra da Barriga. Essa área era conhecida como região de Palmares, pela existência da palmeira pindoba em abundância, em que se encontrava uma grande floresta. Os *palmaristas* procuraram construir seus mocambos ao longo da serra, em uma região extensa que ia do rio São Francisco até o cabo de Santo Agostinho.

Esse ambiente ecológico foi fundamental para os primeiros habitantes de Palmares, que tiveram assim de se adaptar à geografia, à topografia, à fauna e à flora. Em uma área hostil, os *palmaristas* foram capazes de dominar a natureza, fazendo dela sua aliada. Assim como nascia Palmares, renasciam aqueles primeiros habitantes *palmaristas*, recriando um novo mundo.

Nos primeiros anos do século XVII, reclamações davam conta de que na capitania de Pernambuco um número cada vez maior de cativos abandonava engenhos e plantações. Agora não era mais apenas um ou outro que escapava. As fugas eram coletivas. Tanto podia ser à noite quanto durante o dia. Fugiam homens, crianças e mulheres – estas últimas até mesmo carregando seus filhos recém-nascidos no colo. Uma direção podia ser Palmares.

Já em 1603 relatava-se ao governador da capitania de Pernambuco:

> E, outrossim, ordenou que se fizesse uma entrada pelo sertão dentro aos Palmares, onde estava cópia de negros alevantados de que os moradores desta capitania recebiam dano e opressão pelos muitos roubos e latrocínios que faziam e contínuos assaltos que davam: aquela jornada se fez sem despesa da fazenda de Sua Majestade e

Ainda que a escravidão legal indígena só tenha sido extinta em 1755, ao longo dos séculos XVII e XVIII o trabalho forçado de africanos e de seus descendentes no Brasil tornou-se progressivamente o mais explorado.

dela redundou serem os inimigos desbaratados com dano e perda de muita gente morta e cativa, com que esta capitania ficou livre por ora das insolências desses alevantados.

Algumas questões são essenciais para entender Palmares. Como começou? Quais as motivações dos primeiros fugitivos? E como essas sociedades cresceram tão rapidamente? Antes de Palmares, já havia mocambos da Bahia e Sergipe, mas nada tão destacado como seriam os mocambos das serras de Pernambuco. A historiadora norte-americana Alida Metcalf, em artigo de 1999, sugere a hipótese de se pensar as relações entre mocambos coloniais (especialmente os da Bahia e de Palmares) e as migrações milenaristas e messiânicas em torno das santidades ameríndias no século XVI. Para o historiador Ronaldo Vainfas, especialista em História Colonial, nos séculos XVI e XVII, ao analisar as seitas religiosas nas colônias, como a Santidade de Jaguaripe no último quartel do século XVI, as migrações e fugas de indígenas e africanos poderiam ser "uma espécie de antecessora à moda indígena do que seria Palmares". Metcalf sugere menor divisão entre indígenas e africanos, com um movimento simbiótico, no sentido de formação articulada e processos de fugas envolvendo ambos. Assim, poderíamos pensar a formação, o aumento e a migração de mocambos (aqueles da Bahia em direção a Pernambuco, por exemplo, em 1660) como um movimento mais amplo que incluiria também migrações milenaristas e adesões às santidades ameríndias – além da própria avaliação e percepção de escravos africanos da repressão às denominadas santidades. Em poucas palavras: fuga coletiva de indígenas dos aldeamentos e fugas das senzalas e engenhos poderiam ter significados cruzados. Outra hipótese para o crescimento inicial de Palmares são as epidemias. Várias assolaram Pernambuco entre 1630 e 1660. Fugir das plantações e dos engenhos em direção aos mocambos poderia ser também uma estratégia para escapar da morte.

De um estágio inicial de apenas preocupação, as autoridades coloniais começam a ficar em sobressalto com o crescimento de Palmares e as fugas em massa. Pior, o problema não era apenas esse. O que passou a assombrar senhores de engenho eram as razias que os *palmaristas* levavam a cabo nos engenhos, propriedades e povoados locais. Casas-grandes e sobrados eram saqueados, paióis das fazendas e armazéns das vilas roubados, canaviais incendiados e escravos – principalmente mulheres – sequestrados; os colonos que tentavam resistir eram mortos. Em uma época na qual havia o temor permanente de invasões estrangeiras de franceses e holandeses, os fugitivos reunidos em mocambos eram considerados inimigos internos. A capitania estava em total estado de alerta. Fazendeiros e moradores em polvorosa. A metrópole portuguesa atenta aos acontecimentos. Autoridades coloniais de sobreaviso. Escravos nas plantações ansiosos. A guerra estava apenas começando.

Nas primeiras décadas do século XVII, as fugas e os mocambos em Pernambuco e na Bahia aumentaram assustando autoridades coloniais e senhores de engenho.

De uma maneira geral, parte da historiografia a respeito de Palmares atribuiu o crescimento dos seus mocambos à invasão holandesa e ao caos econômico na capitania, propiciando ainda mais fugas coletivas. Será? As primeiras expedições documentadas tratam das décadas iniciais do século XVII e já indicam uma população considerável naqueles mocambos. Não sabemos exatamente como os escravos perceberam a invasão holandesa. Muitas fazendas e engenhos permaneceram produzindo, com um sistema econômico quase intocado. Em algumas áreas, os fugitivos se aliaram a invasores, como no Panamá, ou ajudaram a repeli-los, como na Jamaica. Como foi em Pernambuco? Provavelmente a atmosfera de desordem e caos pode ter provocado o aumento das fugas. Há notícias de que muitos senhores de engenho se retiraram com seus cativos para outras capitanias. Para a Bahia, há indicações de que os holandeses, quando das invasões, foram recepcionados por escravos fugidos, que comemoraram a vitória sobre os portugueses e se ofereceram para lutar.

As primeiras batalhas pela liberdade

O século XVII inaugurava-se em Pernambuco, indicando uma realidade para a Coroa portuguesa e as autoridades coloniais: Palmares já constituía mocambos populosos. As serras pernambucanas estavam floridas de fugitivos *palmaristas*.

Começam as mobilizações militares para destruí-los. No ano de 1602, uma tropa oficial foi enviada para aquelas serras – a primeira expedição punitiva de que se tem notícia contra Palmares. É possível, porém, que outras de iniciativa exclusiva de senhores de engenho já tivessem sido realizadas antes, na última década do século XVI.

A expedição de 1602 foi determinada por Diogo Botelho, então governador-geral do Brasil. Para o seu comando foi designado o oficial português Bartolomeu Bezerra. Além de militares, a tropa contaria com moradores dos povoados próximos e agregados dos engenhos. Como resultado do embate, alguns mocambos foram destruídos e diversos fugitivos capturados. No ano seguinte, foi noticiado que havia "uma estrada pelo sertão adentro dos Palmares, onde estava cópia de negros alevantados", e que moradores de Pernambuco estavam expostos a "dano e opressão pelos muitos roubos e latrocínios e contínuos assaltos" contra eles praticados.

Era apenas o início das batalhas. Mais expedições foram realizadas, mas Palmares estava longe de ser abalado. Os *palmaristas* encontravam-se bem protegidos. Formada por uma floresta densa, era uma região de difícil acesso. Situados nas partes mais altas das serras, possuíam visibilidade panorâmica da região. Vários eram os vigias e as patrulhas dos *palmaristas,* que, espalhados nas matas, procuravam alertar os habitantes dos mocambos quanto a qualquer aproximação das diligências repressoras. Todo movimento das tropas era pressentido. Nas matas também espalhavam-se armadilhas. Sob camuflagem colocavam fossos cavados com estrepes ao longo da floresta; soldados caíam feridos mortalmente. Também *palmaristas* em pequenos grupos faziam ataques repentinos – muitas vezes à noite – nos acampamentos das milícias reescravizadoras. Havia ainda as picadas de mosquitos e cobras e as febres que assolavam os integrantes das expedições. Era comum que mais da metade dos soldados chegasse em Palmares totalmente estropiada. A floresta tornava-se, portanto, inimiga daqueles que tentavam reescravizar os fugitivos.

Além disso, as tropas lutavam na maior parte das ocasiões contra um inimigo quase invisível. Não era fácil aproximar-se dos mocambos. Às vezes sequer era possível encontrá-los. Quando isso acontecia, achavam somente mocambos abandonados. Era a tática dos *palmaristas*: desaparecer naquela imensa floresta sem deixar vestígios. Adentravam nas matas. Construíam novos mocambos. Reorganizavam suas vidas. Também podiam migrar para outros já existentes, localizados mais para o topo das serras circunvizinhas.

Era também um período de penúria. Deixavam seus mocambos, alguns pertences – uma vez que não era possível carregar tudo – e dispersavam-se nos labirintos das matas. Podiam passar dias na floresta antes de estabelecerem outros mocambos para novamente se fixar. Momentos de intensa perseguição eram penosos. Autoridades coloniais pareciam conhecer bem essas dificuldades. Talvez tivessem consciência de que era praticamente impossível destruir inúmeros mocambos e capturar todos os fugitivos. O que fazer? A primeira medida seria impedir os constantes ataques aos povoados e plantações da região. *Palmaristas* já considerados perigosos, protegidos na floresta, ameaçavam ainda mais quando se aproximavam das vilas e dos engenhos.

A solução parecia complicada. Se as autoridades não conseguiam desbaratar os mocambos, também os senhores de engenho

AS PRIMEIRAS BATALHAS PELA LIBERDADE 57

Vários grupos indígenas tupis e tapuias habitavam as regiões próximas a Palmares.

tinham pouco sucesso e/ou controle no sentido de evitar fugas permanentes de negros. Mais mocambos formavam-se ao longo da serra da Barriga. Palmares crescia a cada ano. O campo de atuação dos *palmaristas* ficava cada vez mais ampliado. Constituíram cenários que extrapolavam Pernambuco. A capitania próxima de Sergipe del Rei também seria visitada por aqueles fugitivos. Visando diminuir as dificuldades enfrentadas na repressão, o poder colonial planejou a utilização de índios nas expedições punitivas, com objetivos variados. Há muito tempo a Coroa temia que negros fugitivos fizessem alianças com grupos indígenas que habitavam as capitanias, destacadamente Pernambuco e Bahia. Alianças aumentariam o poderio militar e econômico dos mocambos. Interesses, lucros e riquezas da Coroa e dos colonos estavam em jogo. Os índios conheciam mais do que ninguém a fauna, a geografia e a flora da região. Havia, é claro, conflitos entre eles e os portugueses em face às tentativas de escravização. A utilização dos primeiros para combater os mocambos parecia ser uma boa estratégia dos colonizadores.

Talvez este seja um dos desafios para os historiadores que buscam entender Palmares: perscrutar a história indígena do Nordeste colonial dos séculos XVII e XVIII, especialmente em Pernambuco e nas capitanias vizinhas. O vazio de reflexão historiográfica e de investigação empírica foi parcialmente preenchido pelas investigações e análises mais recentes de Pedro Puntoni. Parte da capitania de Pernambuco estava ocupada por grupos indígenas não falantes de tupi e em constante guerra com as frentes de ocupação e apressamento portuguesas coloniais. Aqueles denominados tapuias reuniam uma imensa heterogeneidade de microssociedades indígenas. Muitos se aliaram aos holandeses quando da ocupação, como foi o caso dos potiguares da Paraíba e os janduís do Rio Grande do Norte. Porém havia guerras entre populações indígenas que realinhavam alianças e estabeleciam novos conflitos, como o caso dos cariris e goianasses-tarairuís. Palmares estava cercado de grupos indígenas, entre tapuias, tupis e outros tantos em permanente migração. Segundo Puntoni, citando um autor desconhecido de 1691, "os moradores de Pernambuco se acham ladeados, e quase cercados de dois grandes inimigos pela parte do sul com os negros dos Palmares e pela parte do norte com os tapuias". E precisamos saber mais sobre essas sociedades indígenas para fazermos mais perguntas às fontes sobre Palmares.

Apesar das possíveis alianças, nem todas as sociedades indígenas viam com bons olhos as formações de inúmeros mocambos. Como estes adentravam as florestas, atraíam a ira das expedições militares, que se aproveitavam para também perseguir os índios. Quanto mais mocambos, mais perseguição tanto de negros como de índios. Além disso, existiam guerras entre sociedades indígenas. Aqueles situados e organizados em mocambos podiam ser também considerados invasores. Sabe-se que em 1614 grupos indígenas aliados dos portugueses foram utilizados para guerrear contra Palmares. Em 1674, uma correspondência seria endereçada ao governador da Paraíba solicitando o envio de indígenas aldeados, visto:

[...] serem mui necessários para a Conquista dos Palmares, ficando os mesmos aptos e suas mulheres plantando suas roças, e conservando as Aldeias, enquanto durar aquela guerra, depois da qual serão outra vez restituído a elas: pois não convém ao serviço de Sua Alteza se mudem para outra parte quando aí são tão precisos para ajudar a defender essa praça, e a remediar seus moradores, como a Câmara dessa Capitania me representou.

Esta é uma investigação para ser feita: as dimensões da história indígena e o contexto de Palmares. Pedro Paulo Funari e Charles Orser Jr. – em pesquisas arqueológicas realizadas também por Scott Allen – têm levantado questões a respeito da população multiétcnica em Palmares por causa de fragmentos de cerâmica indígena encontrados na região. Nesse sentido, mais pesquisas documentais e o cotejo com outras fontes sejam necessários.

As expedições contra Palmares sempre foram realizadas com a utilização de indígenas – que ficavam acampados em vários pontos da serra –, e também no final do século XVII ali se estabeleceram aldeamentos indígenas exatamente para conter o reagrupamento dos *palmaristas*. De qualquer modo, as fontes revelam a mistura de indígenas com os africanos e seus descendentes em Palmares. Muitas das imagens de Palmares como sociedade multiétnica inspiraram movimentos sociais e mesmo os videodocumentários e a filmografia sobre Palmares, especialmente o filme de Cacá Diegues, *Quilombo*, de 1984. Assim como Tiradentes teve de ser remanejado de herói da República para herói do Brasil, Palmares teria de ser transformado em símbolo de brasilidade e lutas sociais do povo brasileiro, e não apenas dos africanos no século XVII. Assim extrapola-se e inventa-se a ideia de Palmares como uma sociedade multiétnica com brancos, indígenas, hereges e judeus perseguidos pela Inquisição. Contatos sempre existiram nessas sociedades de fugitivos com vários outros setores sociais – aliás, como acontecia na África –, mas ainda são frágeis os argumentos de uma sociedade multiétnica equilibrada. Até hoje as evidências apontam que prevaleciam em Palmares os africanos fugidos e seus descendentes.

Neerlandeses, políticas coloniais e mocambos

No início da década de 1630, os holandeses ocupam a capitania de Pernambuco. Foi uma invasão quase anunciada. Existiam interesses comerciais neerlandeses sobre o mercado de açúcar e o comércio de africanos no Nordeste brasileiro. O mundo do açúcar pernambucano é parcialmente desestabilizado com a ocupação. Forças militares portuguesas não conseguem deter os invasores flamengos. Engenhos, vilas, povoados e a sede da capitania são ocupados. Os holandeses passam a controlar a produção açucareira e o tráfico negreiro.

Com isso, dá-se uma desorganização na economia de Pernambuco. Senhores de engenho e comerciantes ficam inicialmente impotentes. Escravos embalados pela confusão começam a fugir das plantações com mais frequência. A direção podia ser Palmares. A invasão holandesa consumou-se. Porém, durante o período de ocupação, começam a surgir problemas. Alguns senhores de engenho, soldados e vários moradores da capitania refugiam-se no interior e começam a planejar a resistência contra os holandeses. Outros migram e se abrigam na capitania da Bahia. Durante a guerra luso-brasileira, os problemas na capitania de Pernambuco não eram poucos: campanhas militares custeadas pela arrecadação de impostos sobre o açúcar; queima de engenhos e canaviais, após 1645, pelas tropas rebeldes e confisco de engenhos pelos holandeses. Nas capitanias subordinadas a Pernambuco – Rio Grande, Itamaracá e Paraíba –, cerca de 55 engenhos "permaneceram de fogo morto" durante a guerra.

Imagens neerlandesas sobre Palmares (I)

[...] Os Palmares são povoações e comunidades de negros. Há dois desses quilombos: os Palmares grandes e os Palmares pequenos. Estes são escondidos no meio das matas, às margens do rio Gungoui, afluente do célebre Paraíba. Distam de Alagoas vinte léguas e da Paraíba, para o norte, seis. Conforme se diz, contam seis mil habitantes, vivendo em choças numerosas, mas de construção ligeira, feita de ramos de capim. Por trás dessas habitações há hortas e pomares.

Imitam a religião dos portugueses, assim como o seu modo de governar; àquela presidem os seus sacerdotes, e ao governo os seus juízes. Qualquer escravo que leva de outro lugar um negro cativo fica alforriado; mas consideram-se emancipados todos quantos espontaneamente querem ser recebidos na sociedade.

As produções da terra são os frutos das palmeiras, feijões, batatas doces, mandioca, milho, cana de açúcar. Por outro lado, o rio setentrional das Alagoas fornece peixes com fartura. Deleitam-se aqueles negros com a carne de animais silvestres, por não terem a dos domésticos. Duas vezes por ano, faz-se o plantio e a colheita do milho. Colhido este, descansam quatorze dias, entregando-se soltamente ao prazer. A esses Palmares se vai margeando a Alagoa do Norte. Certo Bartolomeu Lintz vivera entre eles para que depois de ficar-lhes conhecendo os lugares e o modo de vida, atraiçoasse os antigos companheiros e servisse de chefe da presente expedição.

Os chamados Palmares Grandes, à raiz da serra Behé, distam trinta léguas de Santo Amaro. São habitados por cerca de 5000 negros, que se estabeleceram nos vales. Moram em casas esparsas, por eles construídas nas próprias entradas das matas, onde há portas escusas, que, em casos duvidosos, lhes dão caminho, cortado através das brenhas, para fugirem e se esconderem. Cautos e suspicazes, examinam por espias se o inimigo se aproxima. Passam o dia na caça, e, ao entardecer, voltam para casa e se inquietam com os ausentes. Espalhando primeiro vigias, prolongam uma dança até a meia-noite e com tanto estrépito batem com os pés no chão que se pode ouvir de longe. Dão ao sono o resto da noite e dormem até às nove ou dez horas da manhã. O caminho destes Palmares é do lado das Alagoas.

(Fonte: BARLEUS, Gaspar. *História dos feitos recentes praticados durante oito anos no Brasil.* Recife: Prefeitura da Cidade do Recife, 1980. Fac-símile da edição do Rio de Janeiro: Serviço Gráfico do Ministério da Educação, 1940. Tradução e notas de Cláudio Brandão, pp. 253-4.)

Como se vê pelo relato anterior, porém, a preocupação maior para os flamengos era a existência de Palmares. Durante a ocupação neerlandesa, recrudescem ataques *palmaristas* contra vilas, engenhos e povoados. Se a falta de braços escravos já era um problema para os holandeses darem continuidade à produção açucareira, a fuga constante de escravos e o movimento de Palmares só agravavam a situação. Cronistas coevos revelariam que "a maior parte deles [negros], aproveitando-se da miséria de seus senhores naquele tempo e da vizinhança dos Palmares no sertão, fugiram para eles". Porém, uma questão histórica permanece. Será que de fato todos os escravos que fugiam iam para Palmares ou lá se agregavam? Devemos crer nas fontes que falam que todos os fugitivos se dirigiam a Palmares? Não poderia haver um movimento maior de fugas – em pequenos grupos em uma espécie de *petit maronage* – reunidos em pequenos mocambos que se aproximavam ou se distanciavam de Palmares? Alguns desses grupos realizavam razias e mantinham permanente mobilidade. E talvez se aproveitassem da fama de Palmares e do temor que despertava para construir outros

Mapa do Brasil no período da ocupação neerlandesa, 1643.

mundos de liberdade naquelas vastas áreas. Nesse caso, Palmares significava uma proteção para tais grupos, visto que a dificuldade e "gigantismo" *palmarista* constituía-se uma barreira para a repressão contra pequenos grupos de fugitivos em mocambos móveis. Talvez as fontes coloniais da época tenham construído um Palmares "agigantado", com milhares e milhares de habitantes, e parte da historiografia pode ter seguido tal modelo.

Em estudo em andamento com base em fontes neerlandesas, o historiador pernambucano Rômulo Nascimento tem destacado evidências de que os chamados *boschnegers* (negros da mata) atacavam engenhos e plantações e representavam, assim, um incômodo para fazendeiros e vilas durante a ocupação holandesa. Talvez tais mocambos menores podem ter ajudado a "proteger" Palmares, uma vez que as expedições seguiam para destruí-los e não necessariamente Palmares. Poucas informações temos sobre como eram tais mocambos e suas relações entre si. Pode ter havido inclusive uma "memória construída" de que durante o período de ocupação holandesa as fugas tenham aumentado. Investigações adicionais a partir de fontes neerlandesas poderão responder a algumas dessas indagações.

Imagens neerlandesas sobre Palmares (II)

[...] Na Capitania de Pernambuco há duas florestas, a que os portugueses chamam Palmares tanto a maior como a menor. Os Palmares pequenos, que são habitados por 6000 negros, encontram-se a 20 milhas além de Alagoas, rodeados de matas nas margens do pequeno Gungouí, que aflui para o grande rio Paraíba, seis milhas mais ao norte, e a cerca de quatro milhas do rio Mondaí, ao sul da Alagoa do Norte, avizinhando-se de um ponto dessa região que é comumente conhecido por Jaguará. Consiste a aldeia de três ruas, cada uma com mais ou menos meia hora de extensão. As cabanas são de palha trançada, muito rentes umas às outras, com as plantações aos fundos. Conservam os pretos alguma coisa do culto religioso dos portugueses, dispondo, porém, de sacerdotes e juízes próprios.

Os negros ocupam-se em roubar os escravos dos portugueses, aos quais mantém no cativeiro até que se alforriem capturando outros. Contudo os escravos fugitivos que a eles se vão reunir são tão livres quanto os outros.

Alimentam-se de tâmaras, batatas, feijão, farinha, mandioca, cevada, cana-de-açúcar, galinhas – que possuem em abundância – e de peixe que o lago lhes fornece.

Duas vezes ao ano procedem à colheita da cevada, finda a qual entregam-se a festejos durante uma semana inteira. Antes da época da semeadura acendem grandes fogueiras que duram 14 dias e que se avistam a grande distância. O caminho mais curto do Recife para esses Palmares é ao longo do lago da Alagoa do Norte.

Os Palmares grandes encontram-se entre 20 e 30 milhas para além da aldeia de Santo Amaro, junto à montanha de Behe e está cercada por uma dupla estacada. Conta-se que cerca de 5000 negros habitam os vales contíguos às montanhas, além de outros muitos que vivem em grupos menores de 50 ou 100, por outros lugares. Suas habitações se acham dispersas. Fazem sementeiras e colheitas entre as matas e possuem certas cavernas onde podem se refugiar em caso de necessidade. Preparam os alimentos durante o dia, e, quando chega a noite, procedem à contagem dos homens para verificar se falta algum. Estando todos presentes, terminam a noite com danças e ruflar de tambores que se ouvem a grande distância. Vão, então, dormir até nove e 10 horas do dia seguinte.

Na estação seca, escalam alguns dentre eles para raptar escravos dos portugueses. O caminho mais curto para os seus domínios vai de Alagoas através de Santo Amaro, cruzando as planícies de Nhumahu e Cororipe, rumo à encosta da montanha de Warracaco, até que atinge o rio Paraíba, que se tem de transpor para alcançar o monte Behe, de onde se vai diretamente aos vales.

Durante o governo do Conde Maurício, os negros desses Palmares praticaram danos consideráveis, especialmente aos camponeses nas cercanias de Alagoas, e, para reprimi-los, foram necessários 300 mosqueteiros, 100 mamelucos e 700 brasileiros.

(Fonte: NIEUHOF, Joan. *Memorável viagem marítima e terrestre ao Brasil*. Belo Horizonte/São Paulo: Itatiaia/Edusp, 1981, pp. 39-40. Traduzido do Inglês por Moacir N. Vasconcelos. Confronto com a edição holandesa de 1682, introdução, notas, crítica biográfica e bibliografia por José Honório Rodrigues.)

Em 1637, o governo holandês em Pernambuco estava a cargo de Maurício de Nassau. Assim como tinham feito os portugueses, iniciam-se preparativos para destruir Palmares. Planejando cuidadosamente a expedição, descobriu-se – por espionagem de Bartolomeu Lins, talvez um mestiço ou mulato que tinha vivido entre os *palmaristas* – que na serra da Barriga existiam dois grandes mocambos: Palmares Grandes, composto de 5.000 habitantes, enquanto Palmares Pequenos contava com 6.000.

Em 1644, é organizada a primeira expedição holandesa contra Palmares. Sob o comando do capitão Rodolfo Baro, foi composta por centenas de soldados, contando ainda com índios tapuias. Teria atingido e atacado Palmares Grandes. Cerca de cem *palmaristas* acabaram mortos e tantos outros capturados. Usando de conhecidas estratégias, *palmaristas* refugiaram-se na floresta e como resposta voltaram a atacar as propriedades vizinhas. Mais razias e pavor dos habitantes.

Já sob a administração de Henrique Hours, os holandeses projetam um novo ataque a Palmares. O encarregado agora da expedição é o capitão João Blaer. Dizia-se que era um astuto e experiente militar. Sua expedição, porém, não teve muito sucesso. Após mais de um mês de marcha pela floresta, encontrou dezenas de pequenos e médios mocambos – um deles o de Outeiro dos Mundéus – abandonados. Chegaram mesmo a encontrar um mocambo com mais de 200 casas onde residiriam cerca de 1.500 habitantes. Quanto aos *palmaristas*, de fato, nenhum sinal. Soube-se posteriormente que, avisados das expedições, optaram mais uma vez pelo esconderijo nas profundezas das matas.

Imagens neerlandesas sobre Palmares (III)

A 2 de fevereiro, o Conde de Nassau recebia notícias de Baro, por carta datada de Porto Calvo de 25 de janeiro de 1644. Contava ele que pretendendo atacar o "pequeno Palmares", achou-se imprevistamente em frente ao "grande Palmares" que investiu em seguida. A luta pela posse do quilombo foi dura, tendo Baro contado cem negros quilombolas mortos. De seu lado houve um morto e quatro feridos. O sítio foi incendiado, tendo sido feito ali 31 prisioneiros, entre os quais sete índios tupis (brasilianos) e alguns mulatinhos ("mulaetjens"). O quilombo estava cercado por duas ordens de estacas e "era tão grande que nele moravam quase 1000 famílias, além dos negros solteiros". Em volta da estacada "havia muitas plantações de mandioca e um número prodigioso ('wonderbaer') de galináceos, embora não possuíssem qualquer outro animal de maior vulto", sendo que "os negros viviam ali do mesmo modo que viviam em Angola".

Fonte: Dag. Notule de 2 de fevereiro de 1644 em GONSALVES DE MELLO, José Antônio. *Tempo de flamengos*. Recife: Governo do Estado de Pernambuco, 1978, p. 186.

Os holandeses realizaram diversas expedições contra Palmares no final do século XVII.

Imagens neerlandesas sobre Palmares (IV)

Toda esta parte setentrional da lagoa atualmente não é povoada; está talvez inteiramente inculta e deserta, porque os poucos moradores que aí ficaram depois da guerra se transportaram para a parte do Sul, onde fizeram assento, e se acham mais seguros contra os negros dos Palmares, porque aí permanece a nossa guarnição. [...] A vista do engenho de Cloeten fica a aldeia Mondai, que se compõe de dez ou doze famílias de índios e foi transferida para aí de S. Antonio, junto ao Paraíba. Convindo muito que, para tranquilidade e segurança dos moradores das Alagoas contra os negros dos Palmares, S. Amaro fosse de novo habitado pelos índios (pois S. Amaro fica justamente na passagem), tiveram eles ordem de retirar-se de Mondai e estabelecer ali a sua aldeia; mas por causa da sua fraqueza não ousam residir em S. Amaro, salvo si se mantiver ali constantemente uma força de trinta ou quarenta soldados.

(Fonte: Relatório sobre o estado de Alagoas apresentado pelo assessor Johannes van Walbeeck e por Henrique de Moucheron, diretor do mesmo distrito e dos distritos vizinhos, em desempenho do encargo que lhes foi dado por Sua Excelência e pelos nobres membros do Supremo Conselho (26/11/1643). Manuscrito publicado em RIAGP, n. 33, 1887, pp. 153-65.)

Com a retomada de Recife das mãos neerlandesas em 1654, a Coroa de Portugal reorganiza a economia, a política e a sociedade pernambucana. O medo de novas ocupações faz com que também as tropas militares sejam organizadas para defender a capitania. O desejo de destruir Palmares volta a ser acalentado pelo poder colonial português. No mesmo 1654, duas expedições militares são enviadas. A primeira teve o comando de Brás de Rocha Cardoso. Contando com mais de seiscentos homens, entra em combate com os *palmaristas* e consegue destruir um mocambo. A outra expedição retoma os ataques e aprisiona quase cem *palmaristas*.

No ano seguinte, outras três entradas foram realizadas. A mais importante delas foi comandada por Jácome Bezerra e Antônio Dias. Consegue-se prender quase duzentos *palmaristas*, que são imediatamente vendidos para os senhores de engenho. Os sucessos, mesmo que parciais, foram comemorados efusivamente por autoridades e proprietários em Pernambuco. Lutando em várias frentes de batalhas depois da evacuação das forças neerlandesas, no mesmo ano, logo após tal investida contra Palmares, autoridades luso-brasileiras avaliaram: "esperamos que nem os negros se animem mais a fugir, nem os índios a rebelar-se, ainda que se vejam holandeses nesses mares".

Mas ainda era muito cedo para cantar qualquer vitória, mesmo que parcial. A grande massa de *palmaristas* continuava bem estabelecida no alto das serras. Logo se perceberia que essas expedições constituíram-se em retumbantes fracassos militares.

Repressão a Palmares (1663)

[...] quão importante é ao sossego dessa Capitania e segurança de seus escravos extinguir-se aquela povoação, e dar com seu castigo o exemplo, e fim, às esperanças de uns e outros negros; e porque supostas as experiências passadas, de que tenho bastantes notícias, e ser tão justificado todo o rigor, que com aquela gente se usar. Convém muito que o poder e industria, com que se intentar esta ultima demonstração segure o sucesso dela, sem o perigo, ou inutilidade que tiveram as entradas antecedentes: assim pela consequência do desaforo dos obstinados, como pelo descrédito que padeceram as armas Del Rei meu Senhor, achando nas dos negros a resistência que lhe não puderam fazer as holandesas.

> E nesta consideração defira Vossa Mercê a empresa. Mas por que não é justo que passada a ocasião se degole a sangue frio, mais que aqueles, que entre os prisioneiros se conhecerem haver sido cabeças, e os do principal governo. E entrada que for, a povoação se abrasará, e consumirá tudo de maneira que não fique mais que as memórias de sua destruição, para ultimo desengano dos negros dessa Capitania; e desta donde também se padecem bastantes perdas dos fogem para os Mocambos. Que ainda que é tão grande o número, dos daquele, como me dizem, poderão só ficar no Brasil os que tiverem idade que segure o temor de se tornarem a ir aninhar naquela parte; e os mais se podem exterminar como ordenarei depois de virem prisioneiros.
>
> (Fonte: Carta para o governador Francisco de Brito Freire acerca da entrada que quer fazer nos Palmares (09/09/1663). *Coleção Documentos Históricos*, v. 9, pp. 127-9. Ver também: BN - Códice I-1, 48 (antigo) e 8,1,3, n. 10, fl. 3v e 4.

Na década de 1660 recrudescem as campanhas militares. O governador de Pernambuco era então Francisco Brito Freire. A primeira expedição segue em 1661 comandada pelo oficial João de Freitas da Cunha. Mais de trezentos comandados percorreram as matas. Os soldados prenderam alguns *palmaristas* e incendiaram mocambos e plantações. Em meados de 1663 é realizada outra expedição. Contaria agora com o dobro de efetivo da tropa anterior, sendo que cerca de duzentos soldados formavam o Terço dos Henriques, tropas de libertos crioulos e africanos que ganharam fama nas guerras contra os holandeses. O resultado dessa segunda expedição foi um inteiro fracasso, pois os *palmaristas* tinham sido avisados dessa vez. Em 1667, 1668 e 1669, várias outras expedições são enviadas a Palmares. A frustração pela impotência de dar fim aos *palmaristas* já aparecia em uma carta enviada ao governador Brito Freire, em 1663, que falava em "sossego desta capitania" e "segurança de seus escravos". Problemas recorrentes surgem em torno das despesas para a preparação de expedições antimocambos e a participação das câmaras locais, especialmente Alagoas e Porto Calvo. Solicitava-se a venda ou retirada dos negros *palmaristas* capturados para fora da capitania. O que nunca era cumprido.

Em 1671, o governador de Pernambuco Fernão de Souza Coutinho afirmava: "a guerra dos Palmares tenho por importantíssima" e denominava os *palmaristas* de "nocivos inimigos". Muitos eram os recursos gastos em tais operações de guerra. Os governadores e as câmaras responsabilizaram o português Gonçalo Ferreira da Costa, entre 1675 e 1689, "muitas e duplicadas ocasiões" por recolher junto aos senhores de engenhos e comerciantes "grandes quantidades de dinheiro para socorro da infantaria da guarnição da dita praça e para a das guerras dos negros levantados dos Palmares". As autoridades não desistem. Mais expedições contra os *palmaristas* são preparadas. O então governador da capitania, Fernão de Souza Coutinho, avalia novas condições e estratégias. Até o rei de Portugal é consultado. Pela primeira vez pensou-se em utilizar os bandeirantes de São Paulo, chamados de paulistas. Porém estavam ocupados capturando indígenas em outras paragens.

> **Tradição rebelde (1669)**
>
> Por quanto a experiência nos tem mostrado o grande dano que causam os negros levantados dos Palmares que nas entradas que se tem feito trouxeram e tomarão pelos senhores dos tais negros os porem em liberdade com o qual se tornam a ir para o mato levando consigo maior quantidade dos que estão em serviço dos moradores em que se deve por particular cuidado e atalhar tão grande dano, por esta ordeno e mando ao capitão maior da vila das Alagoas André Gomes que tanto que esta minha ordem receber faça logo como feito notificar aos moradores que tiverem em seu poder escravos alguns, dos que se tomarão nas entradas que se fizeram aos Palmares para que dentro de trinta dias que começaram a correr do em que foram notificados mandem a este Recife vender por si ou por outras pessoas os ditos negros para serem botados fora destas capitanias, e o que não fizer dentro no dito tempo que lhe assino dará todo o direito que neles tiverem e lhe serão tomadas pela misericórdia da vila de Olinda, a qual os concedo deles possam usar livremente e venderem ficando o valor para a dita casa de misericórdia, e para que todo tempo conste desta minha ordem o dito capitão maior André Gomes o fará registrar nos livros da câmara da dita vila de Alagoas, e quando esta mesma ordem se há de entender também os mais negros que se tomarem nas entradas que ao diante se fizerem.
>
> (Fonte: Ordem do governador Bernardo de Miranda Henriques ao capitão-mor das Alagoas, acerca dos pretos dos Palmares (21/03/1669). Manuscrito copiado do Segundo Livro de Vereações da Câmara de Alagoas pelo Doutor Dias Cabral. Ver: Riha, 1875, pp. 172-3. Ver também: Carneiro, Edison. *O quilombo dos Palmares*. 3. ed. Rio de Janeiro: Civilização Brasileira, 1996. pp. 208-10.)

Ocupação holandesa.

No ano de 1672, tropas divididas em três colunas marcham para Palmares. Seguem das vilas de Alagoas, Penedo e Porto Calvo. A ideia era permanecer meses acampadas na serra da Barriga. Dali fariam várias incursões aos diversos mocambos de Palmares. A determinação era guerra total. Entretanto, houve mais um fracasso. Além da mata fechada, das febres e da invisibilidade dos *palmaristas*, os soldados enfrentaram a fome. Não houve mantimentos suficientes para abastecê-los por maior tempo naquelas florestas. Aconteceu ainda insubordinação da tropa. Parte dela desertou. Apenas alguns mocambos foram, de fato, atacados e destruídos. Quase uma centena de *palmaristas* foi capturada. A ordem era vendê-los para capitanias mais distantes. Caso retornassem para os canaviais e engenhos de Pernambuco, por certo, voltariam para Palmares e o pior: convencendo vários cativos a acompanhá-los.

Em 1687, o governador de Pernambuco iria comparar Palmares com os holandeses: "a razão desta diferença é que na guerra dos holandeses era a vitória do valor, nesta do sofrimento: lá pelejava-se contra homens, cá contra a fome do sertão, contra o inacessível dos montes, o impenetrável dos bosques e contra brutos que os habitam".

Imagens sobre Palmares (1671)

[...] Há alguns anos, que dos negros de Angola fugidos ao rigor do cativeiro e fábricas dos engenhos desta Capitania se formarão povoações numerosas pela terra dentro entre os Palmares e matos, cujas asperezas, e faltas de caminhos os tem mais fortificados por natureza, do que pudera ser por arte, e crescendo cada dia em numero se adiantam tanto no atrevimento, que com contínuos roubos, e assaltos fazem despejar muita parte dos moradores desta capitania mais vizinhos aos seus mocambos, cujo exemplo, e conservação vai comandando cada dia aos mais que foge, por se livrar do rigoroso que padecem, e se verem com a liberdade lograda no fértil das terras, e segurança de suas habitações podendo-se temer que estas conveniências cresçam em poder de maneira que sendo tanto maior o numero, pretendam atrever-se a tão poucos como são os moradores desta capitania a respeito dos seus cativos; [...] e creia Vossa Alteza não está menos perigoso este estado com o atrevimento destes negros, do que esteve com os holandeses, porque os moradores nas ruas mesmas casas, e engenhos, têm os inimigos que os podem conquistar se resolverem a seguir tão pernicioso exemplo, admoestados dos mesmos rebeldes que os comunicam tendo já tendas de ferreiros, e outras oficinas com que poderão fazer armas, pois usam de algumas de fogo que de cá levam; e estes sertão é tão fértil de metais, e salitre, que tudo lhes, oferece para sua diferença, se lhes não faltar a industria que também, se pode temer dos muitos que fogem já práticos em todas as mecânicas; e porque de semelhantes perigos desprezados se vem ordinariamente a ocasionar danos irreparáveis, me pareceu opor-me aos que daqui podem resultar.

(Fonte: Carta do governador Fernão de Souza Coutinho de sobre o aumento dos mocambos dos negros levantados que assistem nos Palmares (01/06/1671). Documento existente no Arquivo Histórico Colonial de Portugal copiado por Ernesto Ennes. Ver: ENNES, Ernesto. *A guerra dos Palmares*: subsídios para a sua história. São Paulo: Companhia Editora Nacional, 1938, pp. 133-4, documento n. 1).

Invenções dos mundos de Palmares

Palmares foi um mundo de faces africanas reinventado no Brasil pelos *palmaristas* – africanos de grupos de procedências étnicas diversas, além daqueles nascidos lá –, os quais forjaram espaços sociais próprios e originais. Recriaram culturas, religiões e organizaram-se militarmente para combater invasores. Estabeleceram igualmente práticas econômicas para garantir sobrevivência. Foi a criação deste mundo (como possibilidade) que assustou sobremaneira a Coroa portuguesa. Ao findar o primeiro quartel do século XVII, os habitantes de Palmares já eram milhares. Não somente a fuga fazia crescer aqueles mocambos. As primeiras gerações de *palmaristas* começavam a nascer.

Em termos econômicos, além da pesca e da caça abundante, os *palmaristas*, visando à subsistência de sua população numerosa, desenvolveram outras práticas econômicas. Organizaram uma economia de base agrícola. Em torno dos mocambos cultivavam feijão, batata, banana e diversos legumes. A mandioca e o milho eram seus principais alimentos. Assim seria descrito na documentação setecentista:

> [...] porque os rios lhe davam peixe, as matas caça, os troncos mel e as palmeiras ramos com que cobrem as casas, como também panos para se vestirem, além do sal, azeite e vinho, que a

indústria humana soube tirar daquelas abundantíssimas e fertilíssimas árvores.

Plantavam ainda cana-de-açúcar para consumo próprio e produção de melado. O sistema agrícola dos *palmaristas* era organizado. O terreno para o plantio preparado, e o período de colheita era acompanhado de festas em todos os mocambos. A produção era coletiva.

Além dos alimentos agrícolas, os *palmaristas* contavam com uma vigorosa economia extrativa. A floresta que os protegia também lhes proporcionava alimentos e fontes econômicas diversas. Colhiam frutos, ervas, raízes e plantas silvestres. Até da palmeira pindoba, abundante naquela serra, os *palmaristas* retiravam outros produtos. Sua polpa misturada à farinha de mandioca transformava-se em um rico alimento. Dessa polpa conseguia-se, ainda, extrair um óleo aproveitado pelos *palmaristas* para a iluminação. Produziam, além disso, manteiga a partir da amêndoa e vinho das folhas de palmeiras. Com galhos, folhas e troncos fabricavam artefatos como cachimbos, cestos, canoas e cordas. Tinham criações de animais como galinhas, patos e porcos. Há também informações de que existiam olarias em Palmares. Seus habitantes produziam cerâmica e outros objetos com barro. Sabe-se também que os *palmaristas* faziam uso de ferro. Palmares tinha a sua própria metalurgia. Fabricavam-se lanças, flechas, facões, foices, enxadas e outros artefatos. O conhecimento da metalurgia era proveniente de algumas sociedades africanas.

Balandier destaca que entre os africanos da região do Congo, na África Central, a figura do ferreiro estava ligada aos seus poderes espirituais. O mito de fundação do reino do Ndongo relacionava-se com o poder do ferreiro. Constituía-se uma espécie de provedor tanto das armas de guerra como das ferramentas para a agricultura. Em várias partes da África Central, entre os séculos XVI e XVIII, havia um idioma ideológico, e no sistema de crença de vários reinos teriam sido fundados por um generoso, habilidoso e sensato ferreiro. Para o reino do Ndongo, havia a crença de ter sido fundado por um ferreiro denominado Angola Bumbambuila, que veio do Congo e estabeleceu seu povo na região. Enfim, a figura

Única imagem conhecida de Palmares.

do ferreiro – que poderia tornar-se igualmente um chefe político, militar e religioso – sempre foi muito importante em várias regiões da África. Em alguns mocambos formados no Brasil poderia ser semelhante.

Imagens sobre Palmares

Senhor obrigado de zelo do aumento, e conservação da conquista de Pernambuco, falei a Vossa Majestade referindo-lhe sumariamente os grandes roubos, e mortes que padecem aqueles povos com a vizinhança dos Palmares; e como Vossa Majestade fosse servido ouvir-me com toda a atenção neste particular para se tomar resolução sobre matéria tão importante ao aumento daquela conquista, e destruição dos Palmares, me ordenou expendesse por um papel todas as razões concernentes a um e outro efeito, visto ter tanta noticia deste negocio pelos muitos anos que tive de habitação naquelas terras e ser testemunha de vista das continuas invasões que aqueles bárbaros azem por elas, padecendo por este respeito excessivas calamidades. [...]

Todos os Governadores de Pernambuco compadecidos das continuas queixas daquelas gentes, e destruições que viam naquelas terras, fizeram sempre guerra incansável a estes negros, assistindo os vassalos de Vossa Majestade com o que podiam para as suas despesas todas as vezes que se ofereciam pedidos; podem vendo que se não melhorava nada com as diligências que se aplicavam á destruição daqueles inimigos, o Almotacé mor Capitão Geral do Estado do Brasil, por cartas, e ordens suas obrigou aos Paulistas a que passassem para aquelas conquista a dar calor a guerra dela, chegaram estes aos Palmares, e com a continuação da sua assistência, e boa disposição do Governador Caetano de Mello de Castro tiveram as armas de Vossa Majestade naquela conquista o feliz sucesso que lhe é presente.

Com que do referido se deixa ver de quanta importância são os Paulistas naqueles sertão para se acabar de todo com os Palmares, ordenando-lhe Vossa Majestade que façam dois arraias, um na Serra da Barriga, e outro no Gongoro, principais sítios onde colhem os seus mantimentos silvestres, que constam de cocos, palmitos, e mel porque só nesta forma ficam extinguindo-se de todo os Palmares, aquelas povoações desimpedidas, os moradores livres para cultivarem com largueza as suas terras, Vossa Majestade bem servido dos Conquistadores do Gentio, as Capitanias de Pernambuco seguras por aquela parte do sertão, e com um pé de exército composto desta gente para acudir a tudo o que se oferecer sem grandes dispêndios.

E quando se conclua de todo com os Palmares poderão muito bem os Paulistas que não costumam estar ociosos pelos campos de Garanhuns passando a outra parte por lhe ficarem mais vizinhos, e domesticar a grande multidão de

> gentios do cabelo corredio que ali habitam para receber a fé de Cristo, pois são homens os Paulistas tão inclinados a estas conquistas, que o tem por vida e crédito de seu valor, habitando sempre sertões ocupados em reduzir aquelas gentes bárbaras à Coroa de Vossa Majestade e verdadeira fé entregando-se de sorte aos perigos que os que de presentemente se acham na conquista dos Palmares havia mais de doze anos que tinham partido das suas terras falando sertões, e reduzindo gentes.
>
> Isto senhor é o que me parece mais conveniente para segurança da Capitania de Pernambuco, e conservação daquelas gentes que a habitam por que tenho por sem duvida que se os Paulistas não ficarem de assento em os dois arraiais que aponto a Vossa Majestade tudo tornará ao miserável estado em que de antes se achava, pois os moradores, e mais gente de guerra que se enviava a aquela conquista, nunca poderão acabar com aqueles negros como tem mostrado a experiência de tantos anos; mas sempre Vossa Majestade deve de honrar aos Paulistas com o que lhe parecer mais conveniente aos seus serviços. Vossa Majestade fará o que for servido.
>
> (Fonte: Pareceres acerca da Campanha dos Palmares (s.d.). Documento Existente no Arquivo Histórico Colonial de Portugal copiado por Ernesto Ennes. Ver: ENNES, Ernesto. *A guerra nos Palmares*: subsídios para a sua história. São Paulo: Companhia Editora Nacional, 1938, pp. 210-2, documento n. 30).

A produção econômica dos *palmaristas* não era somente destinada à subsistência de sua numerosa população. Com os excedentes, os *palmaristas* realizavam trocas mercantis com moradores das localidades próximas. Levavam farinha de mandioca, vinho de palma, manteiga e outros produtos, obtendo em troca armas de fogo, pólvora, tecidos, sal e ferramentas de que precisavam nos seus mocambos. As redes mercantis que os *palmaristas* mantinham podiam ser ampliadas com os contatos deles com os próprios cativos assenzalados. *Palmaristas* trocavam igualmente alguns produtos com os escravos das senzalas. Os cativos podiam fornecer aos habitantes dos mocambos alimentos cultivados em suas roças de subsistência e aguardente. O conseguido junto aos *palmaristas* podia até fazer melhorar a dieta alimentar dos escravos nas plantações. Já os *palmaristas* forneciam cachimbos e outros produtos produzidos nos mocambos, como vinho de palmas, cabaças etc.

Para além das relações de comércio, esses contatos entre mocambos e as senzalas propiciaram a gestação de uma extensa rede de solidariedade. Havia contatos sociais, culturais e religiosos entre *palmaristas* e os cativos nas senzalas circunvizinhas. Enquanto os primeiros eram informados a respeito de preparações das expedições repressoras e também sobre a África por meio das notícias que chegavam aos portos de Recife com o tráfico negreiro, estes últimos ficavam sabendo cada vez mais sobre Palmares. Em várias ocasiões, os escravos aguardavam apreensivos e ansiosos o desfecho das expedições enviadas contra os *palmaristas*.

O mundo das senzalas não era, desse modo, isolado daquele que estava sendo criado em torno dos mocambos. Havia comunicações, muitas das quais silenciosas. A existência de Palmares representava mais uma expectativa de liberdade para os negros que continuavam escravos. Ainda não se pesquisou a dimensão da existência de Palmares na vida daqueles que permaneceram escravos e nas transformações das relações entre senhores e cativos. Levando em conta os estudos de Richard Price e outros sobre várias comunidades de escravos fugidos nas América e mesmo investigações sobre quilombos brasileiros no século XIX, no entanto, é possível argumentar que os mundos de Palmares, considerando sua cultura, organização social e religião, começaram a ser forjados no interior das próprias senzalas.

O comércio dos habitantes dos mocambos com pequenos sitiantes e taberneiros da capitania preocupava muito as autoridades e fazendeiros. Formava-se assim uma rede social e mercantil. Acabava-se não só trocando produtos econômicos. Havia mesmo solidariedade, pois muitos moradores eram acusados de dar proteção aos *palmaristas*. Dizia-se mesmo que várias expedições contra eles fracassaram em virtude das informações antecipadas feitas por esses vendeiros. Há até notícias de que muitos homens livres – e na documentação fala-se em "brancos", pequenos comerciantes, mascates e taberneiros – frequentaram alguns dos mocambos de Palmares visando estabelecer relações comerciais diretamente com os *palmaristas*. Entretanto, muitos desses contatos eram avaliados na documentação colonial somente pela lógica da coação e temor que se tinha dos *palmaristas*.

Na década de 1670, ao se preparar uma expedição punitiva, falava-se que "primeiramente se deve castigar os moradores que têm contraído amizade com os negros, da qual precede terem eles os avisos das expedições que se intenta contra eles, o terem provimentos de armas de fogo, pólvora e bala, e outras armas ofensivas". Em 1674, a propósito de tais contatos com lavradores, denunciava-se que os *palmaristas* estavam "destruindo-lhe as roças, e usando de toda a boa passagem aos que se renderem e de todo o rigor aos que se repugnarem". As autoridades estavam conscientes que tais conexões comprometiam as expedições antimocambos. Em 1677, ao se preparar tropas contra Palmares, alertava-se para "fazer-se esta conquista pela parte da Bahia para que estes negros não tenham tão pronta notícia de serem conquistados como pela de Pernambuco".

Afora isso, os constantes ataques deixavam de fato as populações próximas a Palmares muito sobressaltadas. Os *palmaristas* faziam isso não só para obter os produtos de que necessitavam, mas também para amedrontar e punir aqueles que promoviam as expedições contra seus mocambos, principalmente os senhores de engenho. Consta mesmo que os *palmaristas* cobravam tributos – em mantimentos, dinheiro e armas – dos moradores das vilas e povoados. Quem não colaborasse poderia ver suas propriedades saqueadas, seus canaviais e plantações incendiados e seus escravos sequestrados. Era a resposta que os *palmaristas* davam àqueles que ajudavam a promover sua destruição. Não devem ter sido poucas as vezes – e quase desconhecidas e não documentadas – que senhores de engenhos promoveram expedições particulares contra os mocambos. Em 1672, o senhor de engenho e alcaide-mor da vila de Porto Calvo denunciava ter descoberto "por breve caminho um mocambo de 700 casas com muitos mantimentos e roças com os negros postos em defesa". Na ocasião os *palmaristas* estavam sendo acusados de incendiar canaviais da região.

Muitas comunidades de fugitivos nas Américas podem ter sido formadas e criadas por um conjunto mais homogêneo de africanos em termos de procedência étnica. Ou mesmo na sua organização interna talvez guardassem uma conformação que levasse em conta expectativas étnicas de identidades africanas diversas. Na Colômbia, sabe-se que, em um *palenque* no século XVII, fugitivos africanos (akans) estavam organizados em termos étnicos. Para

Palmares, a documentação refere-se à proeminência dos "negros de Angola" e citam que conformavam um espécie de "Angola Janga". Sem exageros ou romantismo, é possível argumentar que havia muito mais semelhança do que diferenças nas procedências e culturas africanas – especialmente da África Central – que inventaram Palmares.

Inicialmente, os mocambos foram formados por africanos de grupos de procedências étnicas diversas e de línguas diferentes. Palmares foi engendrado de práticas culturais variadas. Talvez predominassem os africanos de procedências linguística bantu, originários das áreas centro-ocidentais da África (Congo e Angola). Entretanto, a cultura dos *palmaristas* constituía-se em algo novo, no sentido das reinvenções. Certamente contou, de forma predominante, com africanos das regiões centrais e centro-ocidentais, não sendo impossível a participação deles também da região da Alta Guiné, também traficados nesse período. Segundo Thornton, as principais áreas do tráfico negreiro podem ser assim divididas em termos de tráfico para as Américas: Senegâmbia, Serra Leoa, Costa do Ouro, Golfo de Benim, Golfo de Biafra e centro-oeste da África. Schwartz destaca que os africanos trazidos para a Bahia e Pernambuco no século XVI eram da Senegâmbia, vasta região conhecida como Guiné. No final desse século há também um fluxo da área de influência Congo com africanos exportados através do porto de Mpinda. Nas últimas décadas do século XVI, com a colonização portuguesa, seriam importados para Pernambuco anualmente de 10 a 15 mil cativos africanos provenientes de Guiné, Congo, Angola, Luanda, Benguela e Cabinda.

As práticas religiosas forjadas nesses mocambos reuniam tanto traços de mágicas e rituais africanos de diversas procedências quanto aqueles dos indígenas e de formas de catolicismo reinterpretado nas senzalas e principalmente do hibridismo católico reinventado em várias regiões da África nos séculos XVI e XVIII. Parte dos africanos já tinha entrado em contato com o cristianismo na própria África – especialmente aqueles provenientes do reino do Congo – quando do início da ocupação europeia em meados do século XV. Em comunidades de fugitivos em Hispaniola e Vera Cruz foram encontradas capelas e imagens religiosas cristãs. Em Palmares, as expedições punitivas também encontraram capelas e santuários. Havia, inclusive, imagens católicas como a do Menino Jesus, de São Braz e a de Nossa Senhora da Conceição. Esse hibridismo de práticas e significados religiosos dos *palmaristas* bem demonstra de que modo eles reelaboraram culturas próprias nos mocambos. *Palmaristas* – não só africanos, mas também os nascidos na floresta – reinventaram Áfricas nos mundos coloniais. Cultuavam deuses africanos, santos católicos e criaram novos deuses e significados religiosos em Palmares. De uma maneira geral, percebiam seus deuses como detentores das forças da natureza, tal qual na África. As plantas, o fogo, as pedras, as árvores e a água podiam ter os mesmos poderes espirituais das imagens e símbolos cristãos. Também é possível pensar as religiosidades híbridas de Palmares nos termos das santidades ameríndias coloniais analisadas por Vainfas e Metcalf, sem falar nas transformações na própria África, especialmente o processo de evangelização com os missionários capuchinhos no Congo e as reinvenções das religiosidades cristãs e africanas, em especial com os bakongos.

Nos seus mocambos, os *palmaristas* procuravam constituir famílias, compondo-se em comunidades. O pequeno número de mulheres sempre foi um problema para os mocambos, principalmente na sua primeira fase de formação. Elas eram em pouco número nas senzalas e nas plantações escravistas. Predominavam os homens. Os navios negreiros traziam apenas uma mulher para cada dez homens. A preferência dos traficantes escravistas por homens devia-se ao alto preço das mulheres no tráfico africano. Na própria África elas eram mais valorizadas para o trabalho. A fim de contornar o problema da falta de mulheres nos mocambos, os *palmaristas* adotaram a prática dos sequestros. Mulheres escravas eram procuradas nas senzalas e levadas muitas vezes forçadas para os mocambos. Há controvérsias sobre esses relatos. Acusações de sequestro mais podiam indicar a produção de temores sobre razias efetivadas pelos *palmaristas*.

Ainda não sabemos – para além das visões coloniais – como eram as relações de gênero e a vida familiar em Palmares. Alguns historiadores, como Décio Freitas, sugeriram a poliandria baseando-se em alguns fragmentos de documentos coevos. Falava-se

[...] que tanto se certificam das boas intenções do negro que chega lhe dão mulher a qual a possuem junto com outros negros, dois, três, quatro e cinco negros, pois sendo poucas as mulheres adotam esse estilo para evitar contendas; que todos maridos da mesma mulher habitam com ela o mesmo mocambo, todos em boa paz.

A respeito de família as imagens eram:

[...] em arremedo de família, mas próprio de bárbaros sem as luzes do entendimento e a vergonha que a religião impõe, que todos esses maridos se reconhecem obedientes à mulher que tudo ordena assim na vida como no trabalho, que a cada uma dessas chamadas famílias, os maiorais em conselho dão uma data de terra para que a cultivem e isso a fazem a mulher e seus maridos.

Em Palmares, a partir de 1630, a falta de mulheres já não era o principal problema. O crescimento endógeno da população *palmarista* deve ter ajudado a estabelecer um equilíbrio demográfico de homens e mulheres nos mocambos. Lá, porém, elas podiam trabalhar tanto nas plantações quanto no fabrico de farinha e outras atividades produtivas. Também participavam das batalhas contra os reescravizadores. Tornavam-se importantes líderes religiosas. Em várias ocasiões entravam em transe e adivinhavam o local, a direção e o momento do ataque das tropas antimocambos. Também durante as rápidas evacuações dos *palamristas*, podiam ter a função de esconder o máximo possível de grãos e sementes em suas cabeças e fugirem para o interior da mata. Seria por meio desses que reorganizariam suas economias em outras paragens. Essas são evidências relativas aos maroons do Suriname e da Jamaica e o mesmo pode ter acontecido com as mulheres de Palmares.

Em meados do século xvii fala-se que a população *palmarista* já alcançara mais de vinte mil pessoas. Alguns cronistas da época, com certo exagero, assinalaram trinta mil. Devemos lembrar que Palmares não era um único mocambo ou acampamento. Ao longo do século xvii, autoridades que tentavam atacá-lo logo perceberam que se tratava de dezenas de comunidades e povoados – entre

Apesar de poucas evidências encontradas na documentação colonial, as mulheres negras – africanas e crioulas – tiveram importante papel social, cultural e econômico nas senzalas e nos mocambos.

maiores, menores, mais estáveis ou provisórias – articulados por funções sociais e parentesco. Os mocambos mais importantes eram denominados pelos nomes de seus chefes e comandantes.

O principal era conhecido como Macaco. Era o centro político e administrativo, funcionando como se fosse a capital de Palmares. Além disso, tratava-se do mais povoado, com milhares de casas, e nele residia Ganga-Zumba, então o principal líder dos *palmaristas*. Os mocambos mais próximos do Macaco eram os de Subupira e o de Osenga. Subupira era utilizado como campo de treinamento militar. Lá *palmaristas* preparavam seus armamentos, armadilhas e exercitavam-se para os enfrentamentos contra as tropas repressoras.

Visões coloniais sobre Palmares

[...] Constam os Palmares de negros que fugiram a seu senhores, de todas aquelas Capitanias circunvizinhas, e muitas mais como Vossa Majestade terá notícia, com mulheres e filhos habitam em um bosque de tão excessiva grandeza, que fará maior circunferência de que todo o reino de Portugal: Aqui cultivam terras para o seu sustento, com toda a segurança de se verem destruídos, porque fiados no extenso do bosque, e fechados arvoredos, e mais serranias que discorrem circunvizinhas; não logram domicílio certo para haverem de ser conquistados. Deste asilo seguro, o valhacouto, infestam todas aquelas terras de Pernambuco tratando com exorbitantes desaforos que não estão seguras as vidas, honras, e fazendas dos moradores de toda aquela conquista, porque dando assaltos repetidas vezes em varias partes as destroem, roubando tudo, levando as mulheres e filhas donzelas e matando-se os Pais, e maridos podem entre todas as povoações que se conhecessem mais pers[corroído] destes negros, tem o primeiro lugar a vila das Alagoas, Porto Calvo, e Rio de São Francisco, que por ficarem mais vizinhas aos Palmares, experimentam quotidianamente os seus insultos.

(Fonte: Pareceres acerca da Campanha dos Palmares (s.d.)., Documento Existente no Arquivo Histórico Colonial de Portugal copiado por Ernesto Ennes. Ver: ENNES, Ernesto. op. cit., pp. 210-12, documento n. 30).

A guerra permanente desencadeada pelas autoridades coloniais requereu de Palmares cada vez mais essa divisão militar na sua organização social. Segundo as fontes da época, a extensão seria de aproximadamente seis quilômetros, a divisão era composta por quase mil casas e localizava-se na serra da Juçara. O mocambo de Osenga situava-se a oeste do Macaco, mais propriamente entre

Pouco se sabe em nossos dias sobre o sistema familiar e de parentesco nos mocambos.

os rios Paraibinha e Jundiá. Havia outros mocambos – grandes, pequenos, provisórios, móveis, populosos ou com ocupação flutuante – espalhados em todas as serras da região. Não muito distante da vila de Serinhaém existia o mocambo do Amaro, nome de um importante guerreiro *palmarista*. Era composto também por cerca de mil casas. Para o lado da vila de Alagoas, próximo à serra do Cafuxi, situava-se o mocambo Andalaquituche. E na direção da vila de Porto Calvo existiam os mocambos denominados Zumbi, Acotirene, Dambraganga, Aqualtune e Tabocas.

Esparsamente dispostos naquele imenso bosque, os *palmaristas* tinham proteção, constituindo uma estratégia militar de defesa. Quando um acampamento era atacado, seus habitantes refugiavam-se em outros. Era impossível atacar todos conjuntamente. Afora esses mocambos nomeados, havia dezenas de outros espalhados. Muitos podiam funcionar apenas como acampamentos militares ou entrepostos de trocas mercantis. Já começavam a aparecer mocambos *palmaristas*, além de Sergipe, nas capitanias da Paraíba e do Rio Grande do Norte.

Mesmo com toda essa dispersão em uma extensa área geográfica, podia haver articulação entre eles. Suas práticas econômicas eram complementares. Enquanto um mocambo produzia a manteiga de amêndoa, outro fabricava o vinho de palma. As casas dos *palmaristas* eram construídas de pau a pique e barro e cobertas de folhas. A maior parte das moradas formava provavelmente unidades familiares. O número de casas em cada mocambo era variável. Evidências até agora apontam que os menores tinham algumas dezenas, outros maiores eram formados por cerca de mil a 2 mil habitações.

Como muitas vezes tinham que abandonar seus mocambos fugindo da repressão, os *palmaristas* desenvolveram um tipo de arquitetura, influenciada tanto pelas construções africanas como pelas indígenas, bem prática. Rapidamente abriam picadas na floresta, limpavam terrenos e construíam suas habitações, mesmo que fossem provisórias. Além das residências, os mocambos tinham casas de ferreiro, edifícios que serviam de armazém para estocar alimentos, capelas, santuários, locais para festejos e casas de conselho, onde se reuniam os líderes.

Mapa de Palmares.

Principais mocambos em Palmares

Una – Macaco – Gôngoro – Subupira – Oiteiro – Osenga – Garanhuns – Gonzo – Graça – Dambraganga – Quiloange – Aqualtune – Pedro Capacaça – Acotirene – Cucaú – Tabocas Grande – Quissama – Tabocas Pequeno – Catingas – Andalaquituche

Por uma interpretação das culturas inventadas em Palmares

Apesar do esforço em transcrever e reunir considerável documentação desde o século XIX, exceto pelas investigações aprofundadas de Décio Freitas e Ivan Alves Filho, ainda sabemos muito pouco sobre Palmares. É claro que não advogamos aqui a possibilidade de uma "História do que realmente aconteceu" ou mesmo de uma "História verdadeira e definitiva". O fato é que sabemos muito pouco sobre o que significou Palmares para o Império Atlântico Português, ou de sua estrutura interna, dimensões africanas, *modus vivendi* etc.

As abordagens sobre a organização social e cultural em Palmares foram feitas basicamente a partir de duas fontes extensas: "O diário de viagem do capitão João Blaer aos Palmares" (1645) e a "Relação das guerras feitas aos Palmares de Pernambuco no tempo do governador D. Pedro de Almeida" (1675 e 1678). Essas duas fontes, na verdade, serviram de base para as análises mais sociológicas sobre Palmares desde Edison Carneiro, na década de 1940, e depois o clássico trabalho de Décio Freitas. O problema não era necessariamente uma questão de fontes ou falta delas, mas como foram tratadas em termos históricos e historiográficos em contextos diversos.

A questão fundamental seria refletir como e de que maneira o debate relativo a Palmares foi excluído da reflexão historiográfica acadêmica sobre a escravidão no Brasil. De um lado, a "politização" do tema de Palmares produziu uma articulação importante com os movimentos sociais e consequentemente a construção de símbolos e imagens. No entanto, também de forma invertida, o tema foi retirado de uma discussão historiográfica mais ampla.

Legado e dimensões de Palmares (II)

Todavia, na leitura "à esquerda" da história dos Palmares, aquela memória muitas vezes também aparece apenas invertida: construindo-se militantemente como reverso da perspectiva racista e senhorial, essa historiografia acaba prisioneira dos mesmos paradigmas, perdendo igualdade e historicidade. Apesar do enorme investimento historiográfico, que tem procurado colocar no lugar

> da guerra contra Palmares a "guerra dos escravos", ainda não se conseguiu recuperar de todo os significados daqueles anos e daquelas lutas para os escravos ou para as relações entre senhores e escravos, tanto ao longo do século XVII, quando Palmares era uma presença viva nas terras do sul da capitania de Pernambuco, quanto no XVIII, quando se transformou num ponto de referência forte e relativamente constante até ser associado à revolta do Haiti (ou mesmo, em termos políticos e simbólicos, ser suplantado por ela). A escassez da documentação é um obstáculo, mas as modificações na política senhorial não podem ter ocorrido sem alterações importantes nas estratégias e ações dos cativos.
>
> As ondas do impacto sobre o governo de Palmares sobre o governo dos escravos foram provavelmente muito mais amplas do que imaginavam os assustados governantes coloniais. No passado, aos olhos senhoriais e metropolitanos, a força simbólica de Palmares, apresentada quase sempre em tom laudatório, fez reacender constantemente a superioridade do colonizador e também seu medo das revoltas escravas. Serviu de ponto de apoio para o aprimoramento da polícia senhorial de controle sobre as fugas e a movimentação dos cativos em busca da liberdade, redimensionando a política de governo sobre os escravos. Ao longo do século XVIII, serviu como catalisador dos medos dos senhores e das autoridades coloniais, tingindo-se ora com cores mais fortes da sublevação escrava, que poderia pôr em risco o domínio colonial (como em Assumar), ora com as nuances do quilombo renitente diante das investidas senhoriais, ou do ajuntamento de fugitivos que atemorizava viajantes, fazendeiros e mineiros, a servir de mau exemplo para a escravaria.
>
> (Fonte: LARA, Silvia. Do singular ao plural: Palmares, capitães do mato e o governo dos escravos In: REIS, João José; GOMES, Flávio dos Santos. *Liberdade por um fio*: história dos Quilombos no Brasil. São Paulo: Companhia das Letras, 1996. p. 100.)

Vamos revisitar brevemente essas duas fontes indicadas na tentativa de articular indícios para um debate mais atualizado em termos de historiografia da escravidão, particularmente as questões em torno da cultura e das comunidades forjadas pelos africanos e seus descendentes na perspectiva de uma *história atlântica*.

Em termos documentais, o diário de viagem do capitão João Blaer é de grande valor. Inicialmente, trata-se dos poucos relatos sobre Palmares na primeira metade do século XVII. Foi um documento extraído da coleção de méritos denominada *Brievem en Papieren uit Brasilien*, traduzido do holandês por Alfredo de Carvalho e publicado na Revista do Instituto Arqueológico Pernambucano em

1902. Representa o diário de uma expedição punitiva contra Palmares realizada em 1645. São descritas todas as etapas da expedição e ataques a Palmares, destacando-se informações sobre nomes de lugares, rios e mocambos. O primeiro ponto interessante desse relatório é o fato de essa expedição ter contado com inúmeros índios. Apesar desse episódio ser conhecido, ainda são poucos os estudos que procuram abordar as relações interétnicas – conflitos e solidariedades – entre grupos indígenas, escravos negros, índios aldeados e comunidades de fugitivos no Brasil escravista. Já aparecem descrições sobre os cenários montados pelos *palmaristas*:

> [...] encontramos alguns mundéus ou armadilhas para pegar caça, as quais, porém, estavam vazias; ali acampamos para no outro dia mandar examinar se não havia nas imediações pegadas de negros; a mão direita do nosso acampamento ficava um grande lagradiza [alagadiço] ou pântano.

Ainda com relação aos indígenas: "o capitão dos nossos índios matou a flecha um grande pássaro [...]. Neste dia mandamos a nossa gente e os índios à procura de pegadas, mas nada encontraram". O comandante, capitão João Blaer, foi uma das baixas daquela expedição, pois "tendo caído mortalmente doente, voltou com cinco holandeses e doze índios, carregado para as Alagoas". Isso era frequente nas expedições antimocambos coloniais: febres, picadas de mosquitos e doenças que acometiam soldados, destacadamente europeus.

Ao contrário da documentação – em abundância nas décadas de 1670 e 1680 – do Conselho Ultramarino, que falava do "perigo dos Palmares" e da "importância e necessidade" em destruí-lo, o relatório de Blaer na primeira metade do século XVII apresenta um tom de prospecção muito comum nas cartas de descobertas e relatórios de viagens. Descreve-se com detalhes os caminhos percorridos, paisagens, animais etc. Dizia:

> [...] descansamos um pouco e enviamos um negro que trazíamos conosco, com alguns índios, a bater o mato, os quais trouxeram-nos seis grandes porcos do mato e um pequeno, mortos a flecha;

depois prosseguimos na marcha e acampamos junto à margem sul do rio São Miguel.

Informações topográficas misturavam-se com notícias sobre animais, dificuldades e trajetórias. Revela-se também aqui o uso de "guias" que poderiam ser tanto indígenas, africanos e também ex-habitantes capturados de alguns mocambos de Palmares. Nos documentos, a ênfase dada às dificuldades de destruir Palmares podia ser um recurso de retórica de tais narrativas. Evocava a importância das expedições, dos temores e das expectativas que as envolviam. As dimensões de uma suposta e inexorável superioridade bélica não faz sentido. Armas e pólvora pouco representam naquele contexto de florestas, matas íngremes e rios a serem atravessados.

Neste dia marchamos com grande trabalho por cima dos penhascos que eriçavam o leito do rio, onde muitos dos nossos levaram quedas, entortando as suas armas e os seus membros, mas não se extraviaram; acampamos na margem norte do Paraíba.

A vitória maior parecia ser aquela de alcançar os principais mocambos. Não foram poucas as expedições que permaneceram dias e meses naquela floresta e nunca chegaram a avistar mocambos, mas sim conheceram razias de *palmaristas*, além das febres, da fome, da deserção e das mortes de muitos expedicionários. A expedição de Blaer alcançaria Palmares, ao que parece uma das primeiras a fazê-lo, na primeira metade do século XVII:

[...] em seguida chegamos ao Velho Palmares, que os negros haviam deixado desde três anos, abandonado por ser um sítio muito insalubre e ali morrerem muitos dos seus, este Palmares tinha meia milha de comprido e duas portas; a rua era da largura de uma braça, havendo no centro duas cisternas; um pátio onde tinha estado a casa do seu rei era presentemente um grande largo no qual o rei fazia exercício com a sua gente; as portas deste Palmares eram cercadas por duas ordens de paliçadas ligadas por meio de travessões, mas estavam tão cheias de mato que a muito custo conseguimos abrir passagem; dali por diante marchamos por espaço de milha e meia, sempre por dentro de roças ou plantações abandonadas, nas quais porém, havia muitas pacovas e canas com que matamos a fome; em uma destas roças acampamos e assamos pacovas.

Denominou-se esses mocambos de Velho Palmares. Por que tal definição? Falava-se que tinha sido abandonado há cerca de três anos. Qual o motivo do abandono? Expedições punitivas? Apenas a afirmação de que sendo "muito insalubre" tinha "matado muitos dos seus"? Essa certamente foi uma notícia confirmada posteriormente à realização da expedição. Por que Blaer, auxiliado por batedores, teria ido em direção a mocambos abandonados? E se os seus guias não sabiam que já estavam abandonados, por que saberiam o tempo e o motivo? Podia ser uma estratégia de atrasar a expedição até os mocambos serem avisados. Certamente o relatório de Blaer foi construído – em partes – tanto antes da expedição como bem depois. Como? De um lado, havia algumas expectativas sobre o que encontraria, não com relação aos *palmaristas* propriamente ditos mas sim sua estrutura social. Posteriormente as explicações sobre a expedição ganhavam informações de comentários, talvez rumores e ideias, surgidos durante a própria jornada. Era como se fossem interpretações das interpretações entre imagens preconcebidas. Pode ser que Blaer tenha utilizado informações conseguidas no ano anterior com a expedição de Baro, quando centenas de *palmaristas* foram capturados.

Daquele Velho Palmares se dizia ser o local em que o "rei fazia exercício com sua gente". Os detalhes ficariam na descrição minuciosa em termos topográficos e da cultura material encontrada em Palmares com "milhas", "paliçadas" e "travessões", e também a economia com "roças ou plantações abandonadas" com "pacovas e canas". Aliás, revelava-se a dimensão de tal economia até pelo uso que se fazia dela, pois "matava a fome" dos expedicionários, que assavam "pacovas" e faziam farinha. A fome era uma das inimigas das expedições punitivas enviadas. Como andar tantos dias – nunca se sabia quanto tempo se permaneceria na mata – carregando armas e alimentos? Estes rapidamente escasseavam. Alimentação de pesca e frutos no caminho talvez não bastassem e nem sempre era possível obtê-la.

As descrições sobre as organizações socioeconômicas e culturais de Palmares aparecem basicamente em duas fontes.

A expedição de Blaer alcançaria "outro Palmares", o que revela – em parte – que já "conheciam" ou imaginavam conhecer os caminhos por onde andavam ou desejavam chegar. E aqui aparece algo nem sempre revelado nos relatórios de expedições: o papel dos guias e também de batedores que iam à frente das expedições esquadrinhando locais e reunindo informações. Nesse "outro Palmares" há indicações de terem estado "quatro holandeses, com brasilienses e tapuias", que o "incendiaram em parte, pelo que os negros o abandonaram". Teriam mudado de "pouso para dali a sete ou oito milhas, onde construíram um novo Palmares, igual ao que precedentemente havia habitado".

Surgiriam no relato de Blaer tanto indicações de existir inúmeros mocambos naquelas serras como de uma organização bem menos centralizada do que até agora parte da historiografia a respeito acabou por enfatizar. Andando naquelas matas encontrou-se "todas as meias horas, mocambos feitos pelos negros quando deixaram o Velho Palmares pelo novo". Teria sido uma retirada estratégica, certamente reunindo mantimentos, crianças e velhos habitantes do Velho Palmares? Dando continuidade, logo se encontrou "um outro mocambo dos negros". Foram descritas as condições daquela ação repressiva:

> [...] tivemos de esperar bem duas horas por três dos nossos soldados, estropiados; chegados estes, apenas caminhamos ainda uma milha, por estarmos fatigados e ser já quase noite, e molhados pela chuva constante, que se prolongou por toda a noite; estivemos acampados junto a um rio até a saída da lua; às duas horas da madrugada fizemos alguns fachos, que acendemos, e marchamos milha e meia por dentro do mato, até chegar à porta dos Palmares, quando já vinha amanhecendo.

A narrativa de Blaer prepara o leitor para a parte mais importante daquela ação. Não é um simples relato de eventos diários. Sobre a esperada chegada no "novo Palmares" mais uma vez surgem detalhes da cultura material e da economia:

> Chegamos à porta ocidental dos Palmares, que era dupla e cercada de duas ordens de paliçadas, com grossas travessas entre ambas, arrombando-a e encontramos do lado interior um fosso cheio de estrepes em que caíram ambos os nossos cornetas; não ouvimos ruído algum senão o produzido por dois negros, um dos quais prendemos, junto com a mulher e filho, os quais disseram que desde cinco ou seis dias ali havia apenas pouca gente, porquanto a maioria estava nas suas plantações e armando mundéus no mato; ainda mataram os nossos brasilienses dois ou três negros no pântano vizinho; disseram ainda os negros pegados que seu rei sabia da nossa chegada por ter sido avisado das Alagoas.

Revela-se então a estrutura militar de defesa de Palmares, mais uma vez com "fossos e estrepes". Essa era uma técnica militar africana que exércitos europeus, portugueses e coloniais bem conheceram ao longo dos séculos XVI, XVII e XVIII na África e também nas Américas. Nessa parte – para falar do que significava tal armadilha –,

Blaer relata que um "dos nossos cornetas, enraivecido por ter caído nos estrepes, cortou a cabeça a uma negra". Talvez esse fosse um dos desmandos, entre tantos outros com deserções e insubordinações, que aconteciam em tais expedições. Sobre a estrutura interna de Palmares, o autor escreve:

> No centro dos Palmares havia outra porta, ainda outra do lado do alagadiço e uma dupla do lado de leste; este Palmares tinha igualmente meia milha de cumprido, a rua, larga duma braça, corria de oeste para leste e do lado norte ficava um grande alagadiço; no lado sul tinham derrubado grandes árvores, cruzando e atravessando umas em cima das outras, e também o terreno por trás das casas estava cheio de estrepes; as casas eram em número de 220 e no meio delas erguia-se uma igreja, quatro forjas e uma grande casa de conselho; havia entre os habitantes toda sorte de artífices e o seu rei os Governava com severa justiça, não permitindo feiticeiros entre a sua gente e, quando alguns negros fugiam, mandava-lhes crioulos no encalço e uma vez pegados, eram mortos, de sorte que entre eles reinava o temor, principalmente nos negros de Angola; o rei também tem uma casa distante dali duas milhas, com uma roça muito abundante, casa que fez construir ao saber da nossa vinda, pelo que mandamos um dos sargentos, com vinte homens, a fim de prendê-lo; mas todos tinham fugido, de modo que apenas encontraram algumas vitualhas de pouca importância; no caminho para a casa do rei tivemos de atravessar um monte alto e muito íngreme, da altura de bem uma milha, queimamos a casa do rei e carregamos os víveres também encontramos roças grandes, na maior parte de milho novo, e achamos muito azeite de palmeira, que os negros usam na sua comida, porém nada mais; as suas roupas são quase todas de entrecasca de árvores e pouca chita e todas as roças são habitadas por dois ou três indivíduos; perguntamos aos negros qual o número da sua gente, ao que nos responderam haver 500 homens; além das mulheres e crianças; presumimos que uns pelos outros há 1.500 habitantes, segundo deles ouvimos; nesta noite dormimos nos Palmares.

Essa parecia ser a parte mais importante do relato da expedição de Blaer. Mas fica uma dúvida. Ele viu tudo que aqui revela? Sua descrição detalhada que vai das casas, estrutura de poder e mesmo vestuário dos *palmaristas* – ao que parece – tentava nos fazer crer que tinha alcançado Palmares. Será? Ou foi Palmares que se deixou ser visto? Foram informações conseguidas e não uma observação panorâmica e privilegiada. Descreve as "portas", avalia distância em milhas e ruas. E mais: comenta sobre o número de "casas", de "igreja", "forjas" de ferreiro e da "grande casa de conselho". E seu relato nada tem de surpresa, mas oferece uma descrição daquilo que talvez já esperasse – frutos de imagens preconcebidas – encontrar. Detalha ainda os "artífices" e diz que o "seu rei os Governava com severa justiça" no que diz respeito ao sistema religioso, com proibição de "feiticeiros". Assim, descreve – e imagina/inventa – cenários em Palmares. Ele não mais encontrou *palmaristas* ali. Como veremos, essa narrativa mais reconstitui um cenário idealizado do que seria Palmares com seu rei e sistema de poder.

Não mais havia *palmaristas*, pelo menos quantidades deles que acompanhassem aquela estrutura descrita. Todos tinham abandonado os mocambos, posto terem sido avisados da aproximação da expedição. Assim Blaer avaliou o poder de comando do rei de Palmares que tinha "uma casa distante dali duas milhas, com uma roça muito abundante, casa que fez construir ao saber da nossa vinda". Se construiu cenários imaginados sobre a estrutura militar e social de Palmares, logo mandaria destruir os cenários que encontrou em termos de casas e economia própria, pois a "casa do rei" foi queimada e a economia armazenada daquele mocambo foi imediatamente pilhada, carregando-se "os víveres" encontrados em "roças grandes, na maior parte de milho novo" e também "muito azeite de palmeira, que os negros usam na sua comida". Sobre o vestuário/cultura material, avaliaria: "as suas roupas são quase todas de entrecasca de árvores e pouca chita" e "todas as roças são habitadas por dois ou três indivíduos". A hipótese de esse relatório ter apenas se pautado em investigações junto a alguns poucos *palmaristas* localizados é reforçada no trecho em que revela "perguntamos aos negros qual o número da sua gente".

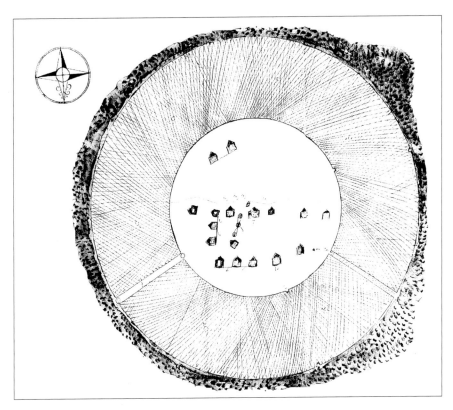

Nos registros sob a forma de mapas e plantas dos quilombos de Minas Gerais, no século XVIII, há evidências sobre a estrutura interna e o sistema de defesa.

E teria como resposta que eram cerca de "500 homens; além das mulheres e crianças; presumimos que uns pelos outros há 1.500 habitantes". Enfim, era um relatório construído mais com base em denúncias, relatos de ex-habitantes de Palmares e especulações do que em observações. Em termos metodológicos, o pesquisador Richard Price já destacou:

> Enquanto a ênfase, ao pensar Palmares, tem sido – em parte devido à natureza dos documentos disponíveis – na guerra e nas estratégias militares, mais atenção deveria ser dada a estratégias de dissimulação, aos meios pelos quais os palmarinos interagiam com as populações vizinhas, aos meios pelos quais eles sem dúvida vieram a saber bem mais sobre os brancos e suas intenções do que estes sabiam sobre eles.

Na última parte do relatório de expedição punitiva há explicitamente o objetivo de enfatizar a economia dos mocambos e a dimensão da sua estrutura.

> O caminho deste Palmares era margeado de aleias de palmeiras, que são de grande préstimo aos negros, porquanto, em primeiro lugar, fazem com elas as suas casas, em segundo as suas camas, em terceiro, abanos com que abanam o fogo, e quatro, comem o interior dos cocos e destes fazem os seus cachimbos e comem o exterior dos cocos e também os palmitos; dos cocos fazem azeite para comer e igualmente manteiga que é muito clara e branca, e ainda uma espécie de vinho; nestas árvores pegam uns vermes da grossura dum dedo, que comem, pelo que têm em grande estima estas árvores [...]. Queimamos os Palmares com todas as casas existentes em roda, bem como os objetos nelas contidos, que eram cabaças, balaios e potes fabricados ali mesmo; em seguida retiramo-nos, vendo que nenhum proveito havia mais a tirar.

Era o desejo de falar indiretamente na necessidade da sua destruição. A técnica de elogiar e depois destruir o inimigo. Precaveu-se sobre a base logística daquela tropa, pois foram cheios alguns "bornais com alguma farinha seca e feijões" com o "fim de voltarmos para casa". Posteriormente foram queimadas "mais de 60 casas nas roças abandonadas".

Ao finalizar seu relatório, Blaer destacava a importância de ter conseguido alcançar Palmares, ao mesmo tempo em que explicitava a sua decepção de não ter conseguido deter os *palmaristas*.

> Este era o Palmares Grande de que tanto se fala no Brasil; a terra ali é muito própria ao plantio de toda sorte de cereais, pois é irrigada por muitos e belos riachos; a nossa gente regressou à tarde sem nada ter conseguido; ainda esta noite dormimos nos Palmares.

Blaer teria visto um ou outro *palmarista*? Certamente sim e talvez fosse por eles que tivesse conseguido informações adicionais e interpretações sobre a estrutura de Palmares. Como foi o caso de encontrar "um negro cheio de boubas em companhia de uma velha brasiliense, escrava da filha do rei, que nos disseram que nas vizinhanças ainda corriam outros negros" e "chegando à casa da filha do rei, que não estava nela, queimamo-la, mas nada conseguimos achar".

Devemos lembrar a natureza dessa narrativa. Tratava-se de um diário sobre uma expedição militar punitiva contra Palmares. Ressaltar dificuldades, bravuras e grandiosidade do inimigo fazia parte do discurso de valorizar aquela iniciativa e mobilização. Invariavelmente expedições contra mocambos – principalmente Palmares, devido a sua distância e localização – eram dispendiosas, demandando recursos quase sempre escassos. Fazendeiros e autoridades locais sempre discutiam a respeito. Nas descrições há também indicações sobre a cultura material (preparação de azeite, ferraria e roupas de cascas de árvores) e principalmente sobre a estrutura política interna de Palmares, com um rei, sua moradia própria e atividades. Tais relatos também enfatizariam a força da economia camponesa de Palmares.

Descrições mais detalhadas sobre as estruturas internas de Palmares – praticamente as únicas a esse respeito, nas quais se baseou os principais historiadores sobre o tema desde o século XIX – foram produzidas quase quarenta anos depois do diário de João Blaer. Trata-se da "Relação das guerras feitas aos Palmares de Pernambuco no tempo do Governador D. Pedro de Almeida de 1675 e 1678". Esse documento foi publicado em 1859 na revista do IHGB, tendo sido um oferecimento do conselheiro Drumond, que encontrou e transcreveu esse manuscrito no arquivo da Torre do Tombo, em Lisboa, Portugal. Há controvérsias e versões sobre esse documento. Ao contrário do diário de João Blaer, uma narrativa a respeito de uma expedição punitiva, essa "Relação" consistia em uma memória. Reunia informações detalhadas sobre Palmares – uma espécie de dossiê – e as iniciativas para destruí-lo durante a administração do governador D. Pedro de Almeida. Como o próprio autor da "Relação" diria: "e para que com alguma evidência se conheça o incontestável desta empresa [as tentativas de destruição de Palmares], recopilarei as notícias que a experiência descobriu".

Há de início uma preocupação em descrever detalhadamente a região; enfatizava-se, assim, a localização de Palmares, a área que ocupava e, portanto, sua importância. Desse modo:

[...] estende-se pela parte superior do rio São Francisco uma corda de mata brava, que vem a fazer termo sobre o sertão do cabo de Santo Agostinho, correndo quase norte a sul, do mesmo modo que corre a costa do mar; são as árvores principais palmeiras agrestes, que deram ao terreno o nome de Palmares.

Os mocambos de Palmares tinham de ser "engrandecidos", assim como os esforços realizados para destruí-los. Aquelas terras eram

[...] tão fecundas para todos os usos da vida humana que delas se fazem vinho, azeite, sal, roupas; as folhas servem às casas de cobertura; os ramos de esteios, os frutos de sustento; e da contextura com que as pencas se cobrem no tronco se fazem cordas para todo gênero de ligaduras e amarras; não correm tão uniformemente estes palmares que os não separem outras matas de diversas árvores.

Constituía-se em um:

[...] sítio naturalmente áspero, montanhoso e agreste, semeado de toda variedade de árvores conhecidas e ignotas, com tal espessura e confusão de ramos, que em muitas partes é impenetrável a toda luz; a diversidade de espinhos e árvores rasteiras e nocivas serve de impedir os passos e de intrincar os troncos. Entre os montes se espraiam algumas várzeas fertilíssimas para as plantas e, para a parte do oeste do sertão dos palmares, se dilatam campos largamente estendidos, porém infrutíferos e só para pastos acomodados. A este inculto e natural couto se recolheram alguns negros, a quem ou os seus delitos ou a intratabilidade de seus senhores fez parecer menor castigo do que o que receavam; podendo neles tanto a imaginação que se davam por seguros onde podiam estar mais arriscados.

Juntava-se assim a natureza incontrolável – e abundante da flora e fauna – com a natureza de bárbaros habitantes. Surgiriam informações detalhadas sobre a organização político-militar:

> Na distância de sessenta léguas, se acham distintos Palmares, a saber, a noroeste o mocambo do Zambi, 16 léguas de Porto Calvo; e ao norte deste, distância de cinco léguas, o de Arotirene [Acotirene]; e logo para a parte de leste destes, dois mocambos chamados das Tabocas; e destes ao noroeste, 14 léguas, o de Dambrabanga; ao norte deste, oito léguas, a cerca chamada Subupira; e ao norte desta, seis léguas, a cerca real chamada o Macaco; oeste desta, cinco léguas, o mocambo do Osenga; a nove léguas da nossa povoação de Serinhaém, para o noroeste, a cerca do Amaro; a 25 léguas das Alagoas, para o noroeste, o palmar de Andalaquituche, irmão de Zambi; e entre todos estes, que são os maiores e mais defensáveis, há outros de menor conta e de menor gente. Distam estes mocambos das nossa povoações mais ou menos léguas, conforme o lançamento deles, porque, como ocupam o vão de 40 ou 50 léguas, uns estão mais remotos, outros mais próximos.

Essas informações em detalhes – especialmente das distâncias calculadas em milhas – ajuda a revelar a natureza dessa memória. Devemos ter cuidado para analisar tais dimensões assinaladas como a estrutura de Palmares em um dado momento. Esses teriam sido mocambos atacados em várias expedições punitivas nas primeiras décadas do século XVII e principalmente na onda de repressão da décadas de 1660 e 1670? Informações sobre parentesco dos *palmaristas* organizados em mocambos poderiam ter sido conseguidas com espiões, moradores que estabeleciam com eles trocas mercantis e mesmo ex-*palmaristas* capturados em expedições ulteriores. Vale lembrar, porém, que esse documento procurou sempre ressaltar as dificuldades para destruir Palmares e também mostrá-lo como um "mau exemplo" para os escravos, pois "com persuasões de liberdade, que começaram a espalhar, se foram multiplicando".

Este é o inimigo que das portas adentro destas capitanias se conserva há tantos anos, a quem defendia mais o sítio que a constância. Os danos que deste inimigo nos têm resultado são inumeráveis, porque com eles periga a Coroa e se destroem os moradores. Periga a Coroa, porque a seus insultos despovoaram os lugares circunvizinhos e se despejavam as capitanias adjacentes. E deste dano infalivelmente se seguiram outros inevitáveis, como era impossibilitar-se a conservação de todo Pernambuco; porque como ocupam os Palmares do rio São Francisco até o cabo de Santo Agostinho, ficam eminentes a Ipojuca, Serinhaém, Alagoas, Una, Porto Calvo, São Miguel, povoações donde se recolhem mantimentos para todas as mais vilas e freguesias que estão à beira mar, sem cujos provimentos ficam todas inconserváveis, porque os frutos que dão são os de que mais se necessita, a saber – gados, farinhas, açúcares, tabacos, legumes, madeiras, peixes, azeites.

Destroem-se os vassalos porque a vida, a honra, a fazenda, porque lha destroçam e lhes roubam os escravos, as honras porque as mulheres, filhas, irreverentemente se tratam; as vidas porque estão expostas sempre a repentinos assaltos; de mais que os caminhos não são livres, as jornadas pouco seguras e só se marcha com tropas que possam rebater os seus encontros.

Palmares teria mesmo surgido em fins do século XVI e aumentado no primeiro quartel do século seguinte? Posto ser de "opinião que do tempo que houve negros cativos nestas capitanias começaram a ter habitantes os Palmares" e "no tempo que a Holanda ocupou estas praças engrossou aquele número, porque a mesma perturbação dos senhores era a soltura dos escravos". Significava também um argumento que tal fato tinha sido gerado externamente. Ou seja, havia mocambos e fugitivos, mas haviam crescido em uma época de crise econômica e turbulência com guerras e conflitos intracoloniais. O que teria acontecido com Palmares então? O "tempo os fez crescer na quantidade e a vizinhança dos moradores os fez destros nas armas; usam hoje de todas, umas que fazem, outras que roubam, e as que compram são de fogo". Já surgiria aqui um tema

Imagens preconceituosas sobre a África e os africanos já povoavam a iconografia dos séculos XV e XVI.

ainda pouco explorado na historiografia de Palmares: os contatos e as conexões com setores envolventes da sociedade colonial pernambucana, desde trocas mercantis, pânico de moradores vizinhos, as conexões culturais, barreiras de populações indígenas vizinhas e a produção da retórica de ataques às vilas da região.

Há uma descrição ressaltando a organização política dos *palmaristas*, que teriam além de rei, ministros e um sistema de poder associado à "república". A ênfase é para a economia e o sistema de defesa militar:

> Em Palmares distintos têm sua habitação, assim pelo sustento, como pela segurança. São grandemente trabalhadores, plantam todos os legumes da terra, de cujos frutos formam provadamente celeiros para os tempos de guerra e de inverno. O seu principal sustento é o milho grosso, dele fazem várias iguarias; as caças os ajudam muito, porque são aqueles matos abundantes delas. [...]
> Toda forma de guerra se acha neles com todos os cabos mores e inferiores, assim para o sucesso das pelejas como para a assistência do rei; reconhecem – se todos obedientes a um que se chama o Ganga Zumba, que quer dizer Senhor Grande; a este têm por seu rei e senhor todos os mais, assim naturais dos Palmares como vindos de fora; tem palácio, casas da sua família, é assistido de guardas e oficiais que costumam ter as casas reais. É tratado com todos os respeitos de rei e com todas as honras de senhor. Os que chegam à sua presença põem os joelhos no chão e batem as palmas das mãos em sinal de reconhecimento e protestação de sua excelência; falam-lhe por Majestade, obedecem-lhe por admiração. Habita a sua cidade real, que chamam o Macaco, nome sortido da morte que naquele lugar se deu a um animal destes. Esta é a metrópole entre as mais cidades e povoações; está fortificada toda em uma cerca de pau a pique com traineiras abertas para ofenderem a seu salvo os combatentes; e pela parte de fora toda se semeia de estrepes e de fojos tão cavilosos que perigava neles a maior vigilância; ocupa esta cidade dilatado espaço, forma-se de mais de 1500 casas. Há entre eles Ministros de Justiça para suas execuções necessárias e todos os arremedos de qualquer República se acham entre eles.

Embora sempre mencionado a figura do rei (no caso Ganga-Zumba), surge aqui a ideia, depois muito reproduzida, de Palmares como República, uma sociedade militar. Esta última imagem não está muito distante do que aqui talvez – excetuando-se exageros – seria Palmares e suas aproximações culturais com sociedades militares africanas, exatamente naquele contexto do século XVII: ocupação, tráfico e guerras na África centro-ocidental. Uma base econômica robusta conformava-se com uma estrutura de poder e hierarquia militar. Essas imagens seriam menos preconceituosas do que algumas que posteriormente surgiriam na fala de cronistas coevos. Imagens não muito distantes de algumas crônicas coloniais de portugueses na África às voltas com tráfico, alianças, conflitos, embaixadas, acordos, tratados e guerras com sociedades africanas do Ndongo, Matamba, Cassange, além do Reino do Congo desde o século XV.

Nos séculos XVII e XVIII surgiriam nas memórias e crônicas de Brito Freire, ex-governador da capitania de Pernambuco, Domingos Loreto do Couto, religioso com militância na colonização, e Rocha Pita, cronista colonial, diversas avaliações – muitas das quais preconceituosas – sobre as formas de organizações sociais em Palmares.

Imagens coevas sobre Palmares (1634)

Entre tantas e tão estupendas calamidades, podendo-se já reputar a morte, pela menor pena os que morriam, vieram a ter os nossos afligidíssimos paisanos, por menos ímpios os holandeses. Com este, e outros assaltos dos Tapuias. Além dos que lhes repetiam continuamente os negros dos Palmares: dos quais para maior clareza, referirei uma breve notícia.

Sendo a liberdade o afeto mais natural do coração humano, e tantos os negros cativos que entraram, e entram no Brasil, fugirão e fogem muitos casais, para os bosques ermos, daquele imenso sertão. Onde opostos à província de Pernambuco, correm os palmares, que se dividem em maiores, e mais pequenos; distantes terra adentro trinta léguas, por outras de circuito: copiosos de arvoredo e fecundos de novidade; a que juntando-se o trabalho, e indústria dos negros, nas plantas que lavram, e nas feras que caçam, abundam de sustento em todo o ano.

Aqui levantando barracas de rama, dizem que habitaram trinta mil pessoas, em numerosas, mas não grandes aldeias, a que chamam mocambos. Acautelados de nos ter por vizinhos, sempre estão prevenidos de veredas ocultas, que abra à força de machado, entre as brenhas mais densas, para se livrarem melhor da nossa gente, quando os busca nalguns verões, e lhes destrói as sementeiras, e dificulta a água; que então se acha daquela banda em poucas partes. Ainda que também os mata, e torna a cativar (principalmente as mulheres, e filhos, menos capazes de acompanhá-los nas retiradas) mais danos recebem com os descômodos, que com armas: por ser tão coberta a campanha, e eles tão destros nelas, que metendo-se pelo mato, e sustentando-se de animais, e frutas silvestres, com a mesma facilidade que largam suas aldeias quando imos, as tornam a ocupar quando voltamos.

Conservam piedosa, posto que ridiculamente (culpa mais da ignorância, que maldade) ao rito católico, que entre nós proferiram. Mas vagando por donde lhes parece, baixam as suas estâncias, fazendo grande dano, sem recebê-lo, quando súbitos, rebentam dentre as moitas, e assolam, roubam, e matam, fazendas, casas, e lavradores. Que para cultivarem país tão largo, distam alguns, a uma, duas, e mais léguas, dos mais vizinhos. Observando pontualmente estes negros levantados, com os nossos cativos, que indo-se de si mesmos para eles, ficam livres; e tomando-os, são lá escravos dos que os levam.

Pelo muito que já se padeceu, e padece de continuo, nesses perniciosos assaltos, em benefício de seu remédio, apontaremos que como o tempo tem mostrado, apesar das diligencias referidas, que antes aqueles negros se aumentam, que diminuem; parecerá melhor impossibilitar-lhes o descanso, e o mantimento, com o perseguir pela campanha, largando aos soldados as presas que tomarem. E com o definhar de Palmares, fazendo neles duas povoações, de moradores convenientes para assistências, e marchas semelhantes. Ou reduzi-los com industria, dando favor, e liberdade, a alguns dos que trazemos, para persuadirem os mais, que venham lograr seguramente, para as lamas, e para as vidas, na escola da nossa doutrina e no amparo de nossa assistência, o fruto da sua quietação. E sem nenhum receio de tornarem a ser cativos, viverem livres, na forma de todos os outros negros seus parentes, alistados no terço de Henrique Dias; que El Rei mandou livrar: e assim lhes constaria, aos olhos dos mesmos senhores, andarem livres.

Não sendo pouco dificultoso este negocio, pela suma desconfiança desta bárbara gente, passou muito avante, encaminhado de Francisco de Brito Freyre, com o exemplo dos Tapuias, em quanto assistiu naquele governo; donde hoje dura mais a memória, que o feito.

(Fonte: FREIRE, Francisco Brito. *História da Guerra Brasílica*. Nova Lusitânia. Livro Sétimo, 1675. Fac-símile. Com o estudo do Prof. José Antônio Gonsalves de Mello, Governo de Pernambuco, Secretaria de Educação e Cultura, Recife, 1977, pp. 279-83)

Memórias sobre Palmares I (século XVIII)

A rústica, e rebelde República do Palmares teve principio no ano de mil, e seiscentos e trinta e um, tempo em que o holandês havia conquistado estas províncias. Os seus primeiros fundadores foram quarenta negros do gentio de

Guiné, que ou levados do natural, e comum desejo da liberdade, ou apertados do rigor do cativeiro fugiram a seus senhores, levando consigo suas mulheres, e concubinas, armas munições, e ferramentas. Procurando em terras remotas lugar, onde levantassem uma povoação, em que vivessem com liberdade, e seguros de serem achados, fizeram assento em um ameno vale que fica em nove graus ao sertão do Porto Calvo, murado ao redor com serras tão altas, como se as formara a natureza para rústicas Pirâmides, e toscos obeliscos deste teatro de verduras. Ali as copa das arvores, quando como gigantes frondosos o assombraram, então deixam a seus habitadores mais defendidos das inclemências do tempo, e mais ocultos as diligencias dos senhores. Ajuntando-se o trabalho, e industria nas plantas, que lavraram, e nas feras, que caçavam, abundavam de sustento em todo o ano.

Muito tempo viveram incógnitos, e sem prejuízo que a perda, que causaram a seus senhores com a sua fugida, mas fazendo-se notório por todas as partes este receptáculo de foragidos, o iam buscar muitos outros negros, e mulatos assim cativos, como libertos, fugindo uns aos castigos de seus amos, outros aos da justiça, que haviam merecido por seus delitos. Não poucos obravam o mesmo para viverem em liberdade, e não por tiranias, que tivessem experimentado. Aumentava o numero e seus habitadores muitos que nas sortidas, que faziam, e assaltos, que davam, cativavam, e por este modo em poucos anos contaram mais de trinta mil negros divididos em varias povoações, que ocupavam mais de sessenta léguas de terra de norte a sul, e de nascente a poente sem limite, por compreender dilatados sertões. Crescia cada dia seu poder porque multiplicando os assaltos nos engenhos, e casa dos moradores mais vizinhos a suas estâncias, captavam inumeráveis escravos, o que sempre faziam a seu salvo, com notável estrago, e prejuízo das fazendas. Nem temiam que os buscássemos nestes seus alojamentos, porque sempre prevenidos de veredas ocultas, por ser muito coberta a campanha, e eles tão estros nela, que metendo-se pelos matos e sustentando-se de animais, e frutas silvestres tão fácil lhes era largar umas aldeias, quando os buscávamos, como ocupá-las outra vez, quando as largávamos.

Vendo-se com grande poder se animavam a fazer aos povos de Pernambuco os danos, que experimentaram os de Roma na guerra servil, que por possuírem muitos escravos não puderam impedir que se levantassem sessenta mil debaixo de domínio de Espartaco, e causassem notáveis estragos na própria cabeça daquela famosíssima República. A cobiça dos mercadores há introduzido no Brasil imensos escravos, para aumentarem seus cabedais, trazem muitos das suas terras já por engano, já por força, e de uns portos a outros os trafegam como se foram linhos, lãs, ou drogas, de que se seguem três danos muito consideráveis. O primeiro que havendo-se feito a liberdade dos homens mercancia, não podem deixar de ser achacosos muitos dos títulos, com que se tomam, e vendem. O segundo, que vindos infinitos arraigados em seus ritos, seitas e maus costumes, cuidando pouco seus senhores em doutriná-los, e afeiçoá-los aos preceitos divinos, continuam suas abominações, pervertem os outros, e lhes introduzem seus erros. O terceiro, que se enchem as republicas desta negra provisão com perigos de alvorotos, e rebeliões, e assim como a quantidade moderada se pode tratar sem esses escrúpulos, e com notáveis utilidades comuns a escravos, e senhores, o excesso é muito ocasionado a qualquer desconcerto. Não porque se deva temer que os escravos se levantem com a República (que em corações vis, não cabem pensamentos reais) senão porque o amor da liberdade, é natural, e a troco de consegui-la, e podem ajuntar a debela-la, como com efeito fizeram esses negros do Palmares.

Os escravos dos sítios tomando as armar contra seus senhores, bastou para os sujeitar, que saíssem a eles cada um com um açoite na mão, para que vendo-os os escravos lhe caíssem os braços e as armas, e impelidos do ânimo servil se deram logo a partido, e contente de haverem conseguido o perdão do castigo, seguiu cada um seu senhor, desfazendo-se em um instante a servil rebelião. De outro modo sucedeu com os negros do Palmares. Animados com o bom sucesso de algumas empresas, rotos os laços da obediência, e quebradas as cadeias do temor, só cuidavam em aumentar o poder, fazerem-se temidos, e respeitados. Sendo já muito em numero de gente, repartiram as terras pelas famílias, que pondo-as em cultura, faziam mais rica e dilatada a sua jurisdição.

(Fonte: Loreto do Couto, Domingos. *Desagravos do Brasil e Glórias de Pernambuco*. Rio de Janeiro: Oficina Typographica da Bibliotheca Nacional, 1904, pp. 539-46, Capítulo 4: Das guerras servis do Palmares.)

Memórias sobre Palmares II (século XVIII)

Como o fundamento, conservação, e aumento das Repúblicas consiste nas leis, e justiça, formaram a sua República ao seu modo bem ordenada. O seu príncipe com seu nome de Zumbi (que no seu idioma quer dizer diabo) era feito por eleição, e por toda vida, tinham acesso a ela os negros, mulatos, e mestiços do mais reto procedimento, de maior valor, e experiência. Tinham outro magistrado de justiça, e milícia. Castigavam com pena de morte o homicídio, o adultério, e o roubo. Os escravos que por sua vontade os buscavam, recebiam com agrado, e ficavam livres; os que tomavam por força ficavam cativos, e podiam ser vendidos; se estes intentavam fugir-lhes, eram castigados com moderação, e aqueles com pena capital. Conservavam o Rito católico, que entre nós professaram, mas a falta dos sacramentos, e ministros da igreja, que eles não buscavam pela sua rebelião, e pela liberdade dos costumes, em que viviam, lhes havia introduzido ridículas superstições, e erros, culpa mais da sua ignorância, que da sua maldade.

Muito padeciam os moradores com seus contínuos assaltos. Como enxames rebentavam dentre as moitas, assolando, matando, e roubando, fazendas, casas, e lavradores, e suposto respeitassem as moradas das pessoas principais, não guardavam esse respeito a sua fazenda, e escravos. Já nenhuma diligência bastava para os reprimir, e menos para os vencer sucedendo uns estragos a outros, sem que em nós se visse alguma demonstração, mas que a da paciência, com que suporta com silêncio a dor, sofríamos o sentimento dos agravos, sem tomar satisfação cabal das ofensas. Encarecido o número da gente, os valorosos guerreiros com que se achavam, a destreza com que sabiam jugar todas as armas, a fortíssima muralha da sua circunvalação, a abundancia dos mantimentos, que colhiam, com o que podiam resistir ao mais largo assedio, e frustrar o impulso de nossas armas; quase perdida a esperança de os expugnar, o que obravam os governadores, era impor penas aos moradores que os comunicassem, em por em certos sítios algumas instancias com gente que lhes impedisse o trânsito para nossas povoações; oposição que não bastava para bastava para impedir o curso de seus numeroso assaltos, porque sem temer a resistência, que encontravam continuavam nos insultos, fazendo-nos já descoberta a guerra, em que não encontravam competente oposição, que os fizesse voltar bem castigados. E como estavam sempre a mira no que obrávamos, para ou sem recatarem, ou adiantarem suas crueldades, nos tinham causado consideráveis prejuízos, passando já a assombrar o temor até onde não chegavam as suas armas.

Passou o atrevimento dos negros a crescer avultado de sorte, que já o temor tinha despovoado de todo aqueles sítios, que ficavam mais vizinhos a suas instâncias, e alguns moradores para se conservarem em suas casas, e fazendas se viam obrigados, a ter com eles secreta confederação, dando-lhes armas, pólvora, balas, e roupas, sem atenção as gravíssimas penas, em que incorriam, e com que alguns foram punidos. Em virtude do trato oculto ficavam seguras as suas casas, e escravos.

[...] Chegou o nosso exército ao Palmares (nome que se lhe deu pelas muitas palmeiras, que lhes plantaram os negros) e viram compreendida mais de uma légua em circuito esta sua principal povoação cuja muralha era uma estacada de suas ordens de paus altos, lavrados em quatro faces. Tinha três pontas da mesma fortíssima madeira, com suas plataformas, em iguais distancias, e cada uma guardada por um dos seus capitães de maior suposição, e mais de duzentos soldados no tempo da paz, porem nesta guerra guarnecidas de muito maior poder. Por várias partes daquela circunferência havia baluartes da própria fábrica, e fortaleza, o paço do seu Zumbi, era toscamente suntuoso, as casas dos particulares ao seu modo magníficas, e recolhiam mais de vinte mil pessoas de ambos os sexos. Usavam de armas e todos os gêneros, assim de fogo como de espadas, alfanjes, flechas, dardos, e outras arrojadiças. Havia dentro da povoação, uma eminência elevadíssima, que lhes servia de atalaia. Tinham uma lagoa, que lhes dava copioso peixe, muitos ribeiros, e fontes, que a faziam deliciosa, e amena. Fora tinham quintas, ou sítios, com dilatados pomares, e culturas. Outras povoações mais pequenas estavam extendidas pelas dilatadas terras de seu domínio, em que assistiam muitos casais, defendidos dos seus mais fieis, e veteranos soldados.

(Fonte: LORETO DO COUTO, Domingos. *Desagravos do Brasil e glórias de Pernambuco*. Rio de Janeiro: Oficina Typographica da Bibliotheca Nacional, 1904, pp. 539-46, Capítulo 4: Das guerras servis do palmares.)

Na memória do governo de D. Pedro de Almeida, surgem ainda descrições – as únicas informações até hoje disponíveis – sobre as práticas religiosas em Palmares:

> E com serem estes bárbaros tão esquecidos de toda sujeição, não perderam de todo o reconhecimento da Igreja. Nesta cidade têm capela a que recorrem nos seus apertos e imagens a quem recomendam suas tenções. Quando se entrou nesta capela achou-se uma imagem do Menino Jesus muito perfeita; outra de N. S. da Conceição, outra de São Braz. Escolhem um dos mais ladinos, a quem veneram como pároco, que os batiza e os casa. O batismo, porém, é sem a forma determinada pela Igreja e os casamentos sem as singularidades que pede ainda a lei da natureza. O seu apetite é a regra de sua eleição. Cada um tem as mulheres que quer. Ensinam-se entre eles algumas orações cristãs, observa-se os documentos da fé que cabem na sua capacidade.

Contrariando os argumentos de um certo essencialismo africano, parte da historiografia baseou-se nessas narrativas para enfocar Palmares como uma comunidade "afro-americana" multiétnica e totalmente original que misturava índios, práticas católicas e até mesmo brancos. Estudos mais recentes de Anne Hilton, Wyatt Macgrafey, John Thornton, Joseph Miller, além de Roy Glascow, Robert Slenes e Selma Pantoja têm destacado tanto as formas de colonização na África como seus contextos de transformação socioculturais. Teríamos então de considerar a penetração do catolicismo, assim como as dificuldades de interpretação de cronistas e informantes desse processo de transformação que levava em conta a ressignificação de práticas diversas – não só a partir do chamado mundo europeu, mas sim a visões de mundos evocadas em várias sociedades africanas. Nessa memória tal visão recebe destaque mesmo em meio a outros temas, como a organização militar e suas relações com as formas de poder em Palmares.

> O rei que nesta cidade assistia estava acomodado com três mulheres, uma mulata e duas crioulas. Da primeira teve muitos filhos, das outras nenhum. O modo de vestir entre si é o mesmo que observam entre

Africanos procedentes de vários grupos étnicos reinventaram suas culturas nas *plantations*, nas senzalas e nos mocambos.

nós. Mais ou menos enroupados conforme as possibilidades. [...] Esta é a cidade principal dos Palmares, este o rei que os domina; as mais cidades estão a cargo de potentados e cabos mores que as governam e assistem nelas. Umas maiores e outras menores, conforme o sítio e a fertilidade os convidam. A segunda cidade chama-se Subupira. Nesta assiste o irmão do rei que se chama Zona. É fortificada toda de madeira e pedras, compreende mais de 800 casas.

Parte substantiva dessa memória é dedicada a narrar expedições e ações repressivas contra Palmares – uma preocupação detalhada com a cronologia e nomes de governadores da capitania, quantidade de soldados e líderes das tropas. Por fim, enfatiza-se nesse longo documento os fracassos militares e a impotência das autoridades com um ou outro "primeiro estrago que sentiram aqueles países", ou seja, aquelas regiões coloniais e "a primeira fortuna com que se ensaiaram as nossas resoluções". Em Palmares, "a multidão dos negros era muito grande" e havia informações que "sustentavam aqueles matos de 16 até 20 mil almas". Seguem-se assim inúmeros nomes de militares e mestres de campo que combateram Palmares. Uma descrição da impotência das tropas para dar fim a Palmares:

> Com todas estas entradas ficaram as nossas povoações destruídas e os Palmares conservados, sendo a causa principal deste dano a dificuldade dos caminhos, a falta das águas, o descômodo dos soldados, porque, como são monstruosas as serras, infecundas as árvores, espessos os matos, para se abrirem, é o trabalho excessivo, porque os espinhos são infinitos, as ladeiras muito precipitadas e incapazes de carruagens para os mantimentos, com que é forçoso que cada soldado leve às costas a arma, a pólvora, balas, capote, farinha, água, peixes, carne e rede com que possa dormir. Como a carga, que os oprime, é maior que o estorvo, que os impede, ordinariamente adoecem muitos assim pelo excesso de trabalho como pelo rigor do frio; e estes ou conduzem a ombro ou se desamparam às feras; e como os negros são senhores daqueles matos e experimentados naquelas serras, o uso os tem feito robustos naquele trabalho e fortes naquele exercício. Com que nestas jornadas nos costumam fazer muitos danos, sem poderem receber nenhum estrago, porque, encobertos nos matos e de fendidos dos troncos, se livram a si e nos maltratam a nós.

O autor da memória preparava terreno para destacar as ações ocorridas durante o governo de D. Pedro de Almeida, que governou a capitania de Pernambuco de fevereiro de 1674 a abril de 1678. Em função dos "clamores do perigo comum e a guerra da insolência dos negros era geralmente lamentada de todos os moradores, logo tratou de acudir ao remédio daqueles povos e de conquistar a soberba daqueles inimigos". Suas providências foram concentradas na preparação e efetivação de expedições, especialmente aquelas que seriam comandadas por Fernão Carrilho, que já atuara na década anterior no combate aos mocambos de Sergipe e da Bahia. De início, D. Pedro de Almeida convocou as "povoações de Serinhaém, Porto Calvo, Alagoas e Rio de São Francisco" e "mandou prevenir carnes e farinhas para as levas que queria mandar", "determinou a gente que das mesmas freguesias se havia de tirar, elegeu os soldados pagos que havia de entrar, preveniu botica, cirurgião, religiosos e tudo o mais que era necessário para a jornada".

Assim, em novembro de 1675 "partiu para os Palmares" uma expedição com "grandes os trabalhos, excessivas as necessidades e contínuos os perigos" que acabou por descobrir "uma grande cidade de mais de 2 mil casas, fortificadas de estacada de pau a pique e defendida com três forças e com soma grande de defensores, prevenidos com todo gênero de armas". Houve intensas batalhas, queimaram "algumas casas", "mataram muitos e feriram não poucos e prenderam 70". Mas os negros dos mocambos atacados se refugiavam e "se tinham passado os negros 25 léguas além dos Palmares". Ainda assim, "ficaram muitos mortos e os mais fugiram". Surgiriam as primeiras notícias a respeito de que "se feriu com uma bala o general das armas, que se chamava Zambi, que quer dizer deus das guerras, negro de singular valor, grande ânimo e constância rara. Este é o espectador dos mais, porque a sua indústria, juízo e fortaleza aos nossos serve de embaraço, aos seus de exemplo. Ficou vivo, porém aleijado de uma perna". Palmares, porém, estava longe de ser extinto.

Foi então que se prepararam as expedições sob o comando de Fernão Carrilho, com o apoio de recursos das câmaras locais, principalmente Porto Calco, Alagoas e Serinháem. Sua expedição partiria em 1677. Seriam atacados inúmeros mocambos; a mãe e os irmãos de Ganga-Zumba foram aprisionados, assim como aprisionados – e mortos – guerreiros como Ganga-Muíça, "cabos de maior fama, como foram Gaspar, capitão da guarda do rei; João Tapuia e Ambrósio, ambos capitães afamados, e outros a quem a ignorância dos mesmos sepultou em perpétuo esquecimento".

Habitação e táticas de guerra

Palmares deve ser revisitado à luz da bibliografia e aportes teórico-metodológicos mais atualizados da História atlântica e daquela sobre África e escravidão nas Américas. Sobre as dimensões africanas, Edison Carneiro, Mario Freitas e Raymond Kent tentaram fazer nas décadas de 1950 e 1960. Isso sem falar nas abordagens de Arthur

Ramos. E mais recentemente Stuart Schwartz, Robert Anderson, Richard Price, Scott Allen e Stepan Palmié têm apontado caminhos. De forma exploratória é possível aqui levantar algumas questões. Com relação à organização interna, pouco sabemos sobre a disposição espacial das habitações nesses mocambos. Como eram construídas tais casas nos mocambos? Técnicas de origem africana? As descrições das habitações africanas (reinos do Congo, Matamba e Ndongo) feitas pelo missionário capuchinho Cavazzi da Montecuccolo apontam para construções de habitações "entrelaçadas com palha", sendo o "teto formado com folhas de palmeira ou com outras canas finas e resistentes". As descrições do referido missionário são confirmadas por Balandier, porém este acrescenta que o formato das habitações africanas era retangular.

Embora não tenhamos informações detalhadas e pesquisas conclusivas a esse respeito, é possível especular sobre a organização social dos mocambos a partir da disposição espacial das casas. Casas de ferreiros ou com funções e localizações específicas podiam estar relacionadas com significados religiosos. Já destacamos como os ferreiros tinham grande proeminência em vários grupos de procedência da África central e centro-ocidental, exatamente aquelas que estariam abastecendo o Nordeste colonial de africanos entre o final do século xvi e durante o século xvii.

Também pouco sabemos sobre as lideranças dos mocambos. Aqueles que aparecem como líderes e guerreiros na documentação colonial talvez fossem somente os que os próprios habitantes dos mocambos deixavam que fossem reconhecidos. Portanto continuamos sem saber como fugitivos em comunidades definiam suas lideranças e significados, como destaca Price ao cruzar fontes históricas e memória dos saramakas. Assim, as palavras "rei" e "rainha", que aparecem na documentação associadas às lideranças políticas e militares dos mocambos brasileiros desde Palmares no século xvii, necessitam ser relativizadas, cruzando tanto expectativas de autoridades que reprimiam quanto tradições culturais readaptadas. Nos séculos xvii a xix, várias microssociedades africanas passavam por profundas transformações em torno das noções de autoridade e de ideologias políticas, que ganhavam assim novas dimensões.

Crônicas coloniais sobre Palmares (século XVIII)

Elegiam por seu príncipe, com nome de Zumbi (que no seu idioma vale o mesmo que diabo) um dos seus varões mais justos e alentados; e posto que esta superioridade era eletiva, lhe durava por toda a vida, e tinham acesso a ela os negros, mulatos e mestiços (isto é, filho de mulato e negra) de mais reto procedimento, da maior valor e experiência, e não se conta nem se sabe que entre eles houvesse parcialidades por competências de merecimento ou ambição de domínio, nem matassem um para entronizar outro, concorrendo todos ao eleito com obediência e união, polos em que se sustentam os impérios. [...]

Tinham outros magistrados da justiça e milícia com os nomes das suas terras. Eram entre eles delitos castigados inviolavelmente com pena de morte o homicídio, adultério e o roubo, porque o mesmo que com os estranhos lhes era lícito, se lhes proibia entre os naturais. Aos escravos que por vontade se lhes iam juntar, concediam viverem em liberdade; os que tomavam por força, ficavam cativos e podiam ser vendidos. Tinham também pena capital aqueles que havendo ido para o seu poder voluntários, intentassem tornar seus senhores. Com menor rigor castigavam aos que sendo levados por força, tivessem o mesmo impulso. Destes seus estatutos e leis eram as ordenações e volumes as suas memórias e tradições conservadas de pais para filhos, vivendo já no tempo em que lhes fizemos a guerra os segundos e terceiros netos dos primeiros rebeldes, conservando-se nesta forma em temor e aparente justiça. [...]

Andavam como nas suas terras, sem cobrirem mais que as partes que a modéstia manda ocultar, exceto alguns principais de ambos os sexos, que vestiam as roupas que roubavam, ou faziam de fazendas e panos que também colhiam nas presas que executavam. De católicos não conservavam já outros sinais que o da santíssima cruz e algumas orações mal repetidas, e mescladas com outras palavras e cerimônias por eles inventadas ou introduzidas das superstições da sua nação; com que se não eram idólatras, por conservarem sombras de cristãos, eram cismáticos, porque a falta dos sacramentos da Igreja, que eles não buscavam pela sua rebelião e pela liberdade dos costumes em que viviam, repugnantes aos preceitos da nossa religião católica, os excluía do consórcio, grêmio e número dos fiéis.

(Fonte: PITA, Sebastião da Rocha. *História da América portuguesa*. Belo Horizonte/São Paulo: Itatiaia/ Edusp, 1976, p. 215.)

Os mocambos no Brasil adotavam várias táticas de combate, frutos tanto das experiências de lutas intertribais e contra os colonizadores europeus na África – que muitos africanos escravizados trouxeram, adaptando-as ao Brasil – como também de recriações de estratégias de luta de escravos crioulos que podiam se valer, entre outras coisas, das experiências de enfrentamentos aprendidas com os indígenas na América portuguesa. Como na "guerra do mato" (assim denominada as estratégias de guerrilhas com capitães do mato e a utilização de tropas com indígenas), de acordo com as indicações nas narrativas sobre Palmares, havia a colocação de falsas entradas ("picadas") para os quilombos, com trincheiras, fossos e estrepes. Essa ação pode estar relacionada a modelos africanos, possuindo inclusive significados simbólicos. O oficial português Cadornega, ao narrar as guerras angolanas em meados do século XVII, destaca a utilização militar de "fossos" e "trincheiras" pelos africanos.

A concepção de que o embate militar entre europeus e populações nativas no continente africano era marcado pela superioridade técnica dos primeiros tem sido reformulada por estudos mais recentes. Segundo Thornton, no século XVI os portugueses encontraram na África reinos angolanos com exércitos estruturados e com táticas militares sofisticadas. No reino do Ndongo havia soldados especiais chamados kimbares. Esses soldados eram treinados para escapar das flechas ou lanças das tribos inimigas por meio do desenvolvimento da habilidade corporal de esquivar, pular e fintar. Ao contrário dos portugueses, que concentravam seus exércitos quando da realização de ataques aos inimigos, os africanos do Ndongo guerreavam por meio de grupos dispersos, que procuravam surpreender e atacar o inimigo. Essa forma de luta foi muitas vezes considerada pelos observadores europeus desordenada, fruto da falta de organização e incapacidade militar dos africanos. No entanto, a desordem era apenas aparente, pois as tropas africanas alinhavam-se em pequenas unidades militarizadas, com comando estruturado e complexos métodos de batalha. Os exércitos do Congo, por exemplo, resolviam os problemas logísticos de suas tropas – como abastecimento de munição, alimentos e água – formando pelotões de homens e mulheres (inclusive esposas dos soldados) exclusivamente para carregar as provisões necessárias para as tropas. A função desses pelotões, chamados kikumbas, era permitir que os combatentes se locomovessem com maior rapidez, já que estavam desobrigados de transportarem seus provimentos, realizando, assim, ataques surpresas e fulminantes contra as forças inimigas.

Entre conexões atlânticas

Vários estudos recentes têm destacado as conexões históricas entre margens africanas, europeias e americanas do Atlântico. Assim, Américas, Áfricas e Europas não se constituíram como mundos isolados, apartados de historicidades, mas sim conectados em permanentes contextos de transformações. Desse modo, vastas, diferentes e complexas regiões africanas não eram tão somente o lugar-comum de uma variável passiva histórica-demográfica, vítimas de saques e do tráfico negreiro. Muito menos as metrópoles europeias eram donas absolutas de decisões ou palcos inabaláveis de poder e domínio. Em um movimento atlântico, constituíram-se espaços de circulação de mercadorias, saber e ideias, assim como a *agência* de sujeitos históricos: europeus, africanos, mercadores, escravos, traficantes e outros tantos personagens inventados em um complexo "Atlântico Negro", para utilizar a categoria de análise de Paul Gilroy.

No caso de Palmares, no século XVII podemos sugerir as conexões históricas atlânticas, tanto com algumas áreas africanas, quanto semelhanças e eventos convergentes em outras áreas nas Américas. Como hipóteses – que necessitariam de mais pesquisas –, apontaria as relações inéditas (no que diz respeito à origem e memória coletiva) entre *palmaristas* e seus descendentes e os grupos de fugitivos negros do Suriname, especialmente os saramakas, que até hoje formam comunidades étnicas autônomas e originais, exemplo de legado heroico de luta e resistência das comunidades de fugitivos escravos nas Américas.

Os antepassados dos saramakas são africanos fugidos das plantações do Suriname no século XVII, em parte comandadas por fazendeiros de origem portuguesa. Muitos destes eram judeus sefaraditas que saíram da Bahia seiscentista perseguidos pela Inquisição e outros tantos que acompanham os holandeses e suas Companhias de Comércio, na segunda metade do século XVII, quando desalojados da capitania de Pernambuco. Com engenhos e plantações, esses fazendeiros levaram seus empreendimentos (leia-se recursos, capitais, equipamentos e também escravos) e foram se instalar no Suriname; já em 1680, destacavam-se como força econômica local. Provavelmente, muitos dos escravos levados pelos holandeses tinham passado por Pernambuco e Bahia. Quem sabe não ouviram falar de Palmares ou escutaram memórias de outros africanos sobre os mocambos?

Por certo, tais fazendeiros de origem portuguesa sabiam do perigo de comunidades de fugitivos encravadas nas montanhas e florestas e não muito distantes das suas propriedades. E como poderiam crescer.

Segundo os estudos de referência de Richard Price e Sally Price, os saramakas têm em sua língua várias palavras de origem portuguesa. Estaríamos, portanto, diante de uma invenção cultural de comunidades de escravos fugidos com dimensões transnacionais. O próprio Richard Price anotou em um artigo a imagem metafórica de alguém nos dias de hoje entrando em Palmares – caso esses mocambos tivessem, com tratados de paz e luta, permanecido como comunidades independentes nas matas de Alagoas, como foram os saramakas e outros no Suriname – e se comunicando em saramakano com os *palmaristas* ou se fazendo entender com eles. Ainda no campo das hipóteses, tais conexões de experiências atlânticas (tanto de política dos impérios coloniais como de personagens e eventos) nos ajudariam a entender os tratados de paz no Suriname entre os *maroons* e as autoridades holandeses. Teriam aprendido as lições de Palmares? É sabido que durante a ocupação holandesa em Pernambuco intensificaram-se as fugas e as razias de *palmaristas* contra engenhos em Pernambuco. Holandeses teriam enviado expedições punitivas contra Palmares nos anos de 1630 e 1640. Os tratados de Paz no Suriname foram apresentados em 1749 e 1763. Teriam avaliado a impossibilidade de controlar a movimentação das comunidades de fugitivos e o aumento das fugas? Mais do que nunca era fundamental tentar acordos de paz? Enfim, é possível reescrever a História de Palmares considerando – em uma reflexão combinada – tanto as experiências africanas (destacadamente Angola) e suas dimensões coloniais, como as políticas de domínio e a circulação de saberes, técnicas e ideias no mundo atlântico, como sugerem as reflexões de Luiz Felipe Alencastro e Rafael Marquese.

Há uma histórica atlântica como campo de possibilidade que necessita ser aprofundada em torno das conexões e experiências históricas de fugitivos e suas comunidades nas Américas. As informações sobre acordos de paz entre fugitivos e autoridades coloniais podem ter circulado no Atlântico tanto na correspondência de autoridades dos Impérios Ultramarinos como na experiência de africanos recém-chegados ou daqueles aqui nascidos. Palmares poderia ter sido como os saramakas caso tivesse havido um tratado de paz nos moldes daqueles da Jamaica e Suriname, respeitando-se as bases propostas de quilombolas, escravos e autoridades.

Reis africanos no Brasil: temores de mocambos

Afonso Furtado de Mendonça, Governador amigo. Eu o Príncipe vos enviou muito saudar. Com as novas que se receberam de Angola da vitória que minhas armas alcançaram contra El rei de Dongo, avisou o Governador Francisco de Távora enviara a esse Estado quatorze parentes mais chegados do dito Rei, e porque convém que venham para este Reino pela perturbação que poderão causar tornando para Angola vos encomendo muito e mando que logo os façais embarcar para o Reino de que me avisareis, e enquanto não forem embarcados os farei ter a bom recado por se evitar o dano que se pode seguir de buscarem meio de fugirem para os Mocambos, donde conhecidos dos negros deles nos sejam mais prejudiciais. [..] E sendo caso que os ditos negros não estejam todos nessa cidade ordenareis que os façam embarcar em qualquer das Capitanias desse Estado em que se acharem, trazendo os Mestres dos navios em que vierem recibo dos que se lhe entregarem.

(Fonte: Carta de Sua Alteza sobre se embarcarem para o Reino os parentes de El Rei de Dongo que o Governador de Angola mandou para esta cidade (1672). *Coleção Documentos Históricos*, v. 67, pp. 213-4.)

Poderíamos também incluir a África, ou melhor, as Áfricas. No século XVI, ao mesmo tempo em que autoridades preparavam expedições punitivas antimocambos, escravos deixavam as plantações e depois ajudaram a criar um sentido geral e articulado sobre comunidades de fugitivos. Na África centro-ocidental nos séculos XVI e XVIII, especialmente entre os reinos do Ndongo, Matamba e Cassange, diferentes grupos africanos podiam tanto cooperar como guerrear com portugueses e holandeses, produzindo escravos, realizando comércio ou resistindo à colonização.

Argumentamos aqui sobre os eventos da história africana em torno da rainha Nzinga, suas relações diplomáticas, dos personagens, contatos comerciais com holandeses etc. Nas margens africanas, mocambos eram acampamentos militares tanto de reinos que participavam do tráfico como de guerreiros (os imbangalas) que atacavam os portugueses e outros grupos africanos. Em função do tráfico, da atuação de mercadores e traficantes nos portos de Recife, Luanda e Salvador e das políticas coloniais e comerciais portuguesas e holandesas, Palmares e algumas terras africanas próximas a Luanda podiam estar (em algum momento) conectadas. Correligionários de Nzinga, seus inimigos imbangalas e autoridades coloniais portuguesas e holandesas conheceriam – ou teriam ouvido falar de – Palmares? Como explicar africanos recém-chegados do tráfico, que logo fugiam? Ou africanos e seus descendentes nas Américas que cumpriram penas de degredo em feitorias africanas? Por exemplo, em 1622, alguns chefes cassanges foram deportados para o Brasil e isso gerou insegurança. Várias revoltas escravas na África do século XVII também agitaram os portugueses no Brasil. De igual modo, em 1672 temia-se que parentes do rei do Ndongo deportados para o Brasil entrassem em contato com os mocambos. Assim, como Palmares pode ter ouvido falar da rainha Nzinga em meados do século XVII? Os estudos de Selma Pantoja, John Thornton, Joseph Miller, Roy Glascow etc. são bastante indicativos dessas possibilidades – sem exageros ou romantismos – de conexões atlânticas. Por volta de 1640, tanto Pernambuco e Alagoas na América portuguesa quanto as partes ocidentais do reino de Ndongo eram controladas por mercadores e traficantes holandeses.

Estudos mais recentes têm destacado as relações de poder, o comércio e as dimensões africanas no tráfico de escravos entre os séculos XVI e XIX.

Tentativas e acordos de paz

A década de 1670 avança. Há muito tempo as autoridades coloniais tinham percebido que somente o envio de forças militares não seria a solução para acabar com os *palmaristas*; no máximo, conseguiriam mantê-los acuados. Estratégias de povoamento só dariam resultado em longo prazo. Houve várias situações, além de Palmares, em que as autoridades coloniais tentaram ocupar as fronteiras econômicas e os sertões com fortins militares e aldeamentos indígenas. Foi assim, por exemplo, a estratégia contra os quilombos de Goiás e Mato Grosso no século XVIII.

Com relação a Palmares, no contexto do último quartel do século XVIII, as autoridades coloniais também acenaram com a possibilidade de tentar fazer um acordo com *palmaristas* a fim de que paralisassem ataques e se mantivessem vivendo em seus mocambos no alto das serras.

Além de dispendiosa, a tentativa de destruir Palmares no confronto direto era pouco eficiente. Tropas eram obrigadas a permanecer meses nas florestas e muitas despesas com alimentação e pagamento de soldados tinham de ser realizadas. Pouco se conseguia. Quando não se destruía um ou outro mocambo abandonado – ou mesmo alguns *palmaristas* eram capturados –, as tropas só encontravam febre e armadilhas naquelas selvas. Ao perceber que era impossível perseguir, capturar e destruir todos os *palmaristas*, as autoridades mudaram de tática. A estratégia proposta, então, foi promover um paulatino povoamento. Assim pensaram as autoridades: com a progressiva ocupação daquela região, os *palmaristas* teriam cada vez mais de procurar o interior ou o alto das serras. Pouco a pouco ver-se-iam cercados. Além disso, a partir das povoações estabelecidas, autoridades poderiam concentrar tropas e mantimentos para dar continuidade às buscas. No início do governo de Brito Freire, avalia-se o estabelecimento de aldeamentos indígenas na região de Serinhaém. Mais tarde, em 1672, consegue-se a construção de um posto militar avançado na região.

Os ataques diretos, porém, prosseguiam. Insistiram, assim, as autoridades na estratégia de envio de expedições. Para comandá-las, trouxeram em 1676 o capitão Fernão Carrilho. Militar experiente em combater mocambos – já tinha participado de repressões a mocambos baianos –, seria a pessoa ideal para acabar com Palmares. "Guerra do mato" era a sua especialidade. Só no ano de 1677, depois de muito esforço para convencer mais uma vez autoridades e moradores das vilas próximas a aumentarem impostos e contribuições para a realização de expedições antimocambos, segue Carrilho com tropas. Adota-se a estratégia de erguer um arraial para servir de base para os militares. Foi denominado de Bom Jesus e a Cruz. Mais batalhas travadas. Prisioneiros feitos e mocambos destruídos. Entre os feridos, além do próprio Ganga-Zumba, há vários líderes militares *palmaristas*. Essa expedição pode ter representado a primeira real ameaça contra a sobrevivência de Palmares. O seu retorno, trazendo grande quantidade de prisioneiros, é logo comemorado por moradores e autoridades das vilas próximas. Até o rei de Portugal é imediatamente informado sobre seu relativo sucesso.

Entretanto, as autoridades coloniais estavam cientes de que exterminar Palmares era tarefa quase impossível. Havia ainda dezenas de mocambos encravados naquelas florestas e serras. Era 1678. A existência de Palmares, assim como as dificuldades para destruí-lo, estavam tornando-se centenárias. Assim, ganha força a intenção de propor um acordo. Era a trégua. Um casal de *palmaristas* capturados é liberado com a incumbência de levar até Ganga-Zumba uma proposta para que se entregasse. O momento era propício. As guerras contra Palmares tinham se intensificado. A alternativa dada pelas autoridades era uma só: caso os *palmaristas* não depusessem as armas, dando fim aos seus ataques contra vilas e engenhos, aumentaria o número e a frequência do envio de tropas para persegui-los.

Começam as negociações. Ao que se sabe, contatos com os mocambos e lideranças de Palmares foram feitos inicialmente através de um militar do Terço dos Henriques – talvez um africano, pois, como destacou Evaldo Cabral, soldados dessas tropas eram mais africanos e crioulos libertos do que pardos e mulatos. Posteriormente, os próprios *palmaristas* organizam uma comitiva para ir a Recife tratar diretamente com as principais autoridades coloniais, notadamente D. Pedro de Almeida, governador de Pernambuco. Fazem parte dessa comitiva três filhos do rei Ganga-Zumba.

Mas ainda precisamos muito conhecer sobre tal tratado de paz. Qual a sua razão em 1678? Documentos mencionam que a "paz" foi solicitada pelos *palmaristas*. Será? Certamente mais investigações e análises sobre esse tratado e seu ritual precisam ser feitas. Sugestões comparativas surgem nas reflexões de Kenneth Bilby ao analisar os acordos de paz dos *maroons* do Suriname, revelando suas lógicas e reinvenções e códigos culturais africanos.

É na memória do governo de D. Pedro Almeida que aparece uma narrativa com indicações relacionando o impacto da onda de repressão e as bases do tratado de paz que seriam propostas em 1678:

> Notícia que o rei estava incorporado com o Amaro no seu mocambo; é este Amaro celebrado naqueles Palmares, e temido nas nossas povoações; habita nove léguas de distante de Serinhaém; ocupa o sítio perto de uma légua de distância; inclui mil casas o mocambo. Aqui se dava por seguro o rei, porém aqui o foi descobrir a nossa vigilância; tanto que a nossa gente soube, de certo, que nele estava o rei, com tanto ímpeto investiram o mocambo que fizeram um notável estrago, trouxeram vivos ao arraial 47 peças, duas negras forras, e uma mulatinha, filha natural de um morador nobre de Serinhaém, que tinha sido roubo dos mesmos negros; cativaram o Acaiuba; com dois filhos do rei, um macho chamado Zambi e outro por nome Acaiene; e entre netos e sobrinhos do mesmo rei que se cativaram seriam 20, pereceu o Toculo, filho

também do rei, grande corsário, e o Pacassa, poderosos senhores entre eles; o rei do furor dos nossos capitães se retirou fugindo, tão arrojadamente que largou uma pistola dourada e a espada de que usava; e foi voz geral que uma flecha o ferira com o ferro e o fizera voar com as pernas de todos os negros que se conglomeraram com o Amaro; a maior parte acabou à nossa fúria, a outros salvou a sua ligeireza.

Naquela onda de repressão, entre 1677 e 1678, o

[...] governador d. Pedro conseguiu em quatro meses o que se intentou há muitos anos; pareceu o sucesso, por maravilhoso, lisonja que a fortuna lhe quis fazer, e, pesadas bem as circunstanciais, foi a certo que a prudência soube dispor; mais custou a disposição que o sucesso, pois, gastando d. Pedro 3 anos em lavrar estes impossíveis, colheu em quatro meses o fruto destes trabalhos.

Surgiriam notícias sobre o tratado que seria feito com os *palmaristas*. Por meio de "um negro por nome Matias Dambi e uma negra Angola por nome Madalena, já de maior idade, que era sogro dum dos filhos do rei", foi enviado recado para os *palmaristas* de que "o seu arraial ficava fortificado e que, se não se rendessem todos ao governador de Pernambuco, logo havia de tornar a consumir, e a acabar o rei e as relíquias que ficaram".
Posteriormente,

[...] usando então de uma prudente indústria e razão de Estado, mandou um alferes, doutrinado na disciplina daquelas montanhas; que subisse àqueles desertos e dissesse aos negros que ficava preparando Fernão Carrilho para voltar a destruir as pequenas relíquias, que tinham ficado; e que mandava discorrer todo aquele sertão para que nenhum habitador dele ficasse com vida; que, se eles quisessem viver em paz com os moradores, ele lhes asseguraria, em nome de Sua Alteza, toda a união, e bom tratamento, e lhes assinalaria terras para a sua vivenda e lhes entregaria as mulheres, e filhos, que em nosso poder estavam.

A documentação sobre Palmares revela que foram encontrados oratórios, capelas e imagens de santos católicos nos mocambos.

Meses depois,

[...] em um sábado à tarde, véspera do dia em que na Paróquia do Recife se celebrava a festa do nosso português Santo Antônio, entrou o alferes que tinha mandado D. Pedro aos Palmares com aviso, acompanhado de três filhos do rei com 12 negros mais, os quais se vieram prostrar aos pés de d. Pedro de Almeida, com ordem do rei para lhe renderem vassalagem, e pedirem a paz que desejavam, dizendo que só ele pudera conquistar as dificuldades dos Palmares; que tantos governadores e cabos intentaram, e não conseguiram; que se vinham oferecer a seu arbítrio, que não queriam mais guerra, que só procuravam salvar a vida dos que ficaram; que estavam sem cidades, sem mantimentos, sem mulheres, nem filhos; e que dispusesse dos que restavam como a sua nobreza e gosto determinassem.

Vale a pena comentar brevemente as possibilidades de reinvenções culturais em torno desses tratados de paz, associando missas, festa de Santo Antônio e batismos. Tal com fez Nzinga em seus acordos em Matamba e também como os africanos do reino do Congo, no final do século XVII, ressignificaram o culto dos antonianos em torno de Santo Antônio, fatos destacados por Thornton. Em termos de conversão, os africanos acreditavam que os sacerdotes cristãos podiam protegê-los contra a feitiçaria. Falou-se do pavor provocado pelas expedições de Fernão Carrilho, apesar de ele aparecer na historiografia como alguém conivente com os *palmaristas*. Havia indicações de que sua ação repressiva foi intensa. E que "aprisionou tanto número de negros, que entre eles obrou fama de feiticeiro". Provavelmente os *palmaristas* atribuíram a Fernão Carrilho a fama de feiticeiro.

Também é interessante o destaque que essa memória dá sobre a percepção causada pela população,

[...] natural foi o alvoroço que causou a vista daqueles bárbaros, porque entraram com seus arcos e flechas, e uma arma de fogo; cobertas as partes naturais como costumam, uns com panos, outros com peles; com as barbas, uns trançados, outros corridos, outros rapados; corpulentos e valentes todos; a cavalo vinha o filho do rei mais velho, porque vinha ferido da guerra passada.

Ainda:

[...] prostraram-se todos a seus pés, dizendo que não queriam mais guerra; que o rei os mandava solicitar a paz; que se vinham sujeitar às suas disposições; que queriam ter com os moradores comércio, e trato, e queriam servir a Sua Alteza no que lhes mandasse; que só pediam a liberdade para os nascidos nos Palmares; que entregariam os que para eles tinham fugido das nossas povoações; que largariam os Palmares; que lhes assinasse sítio onde pudesse viver à sua obediência.

Segundo a memória, da parte das autoridades coloniais, "grande foi o gosto" com que foram recebidos "estes negros, e singular a complacência com que se viu adorado destes inimigos". Foram tratados "com suma afabilidade, falou-lhes com grande brandura e prometeu-lhes grandes seguranças; mandou vestir alguns e adorná-los de fitas várias, com que ficaram os negros contentíssimos". E com tal ato "o povo todo geralmente aplaudiu de d. Pedro a fortuna, de Aires de Souza a benevolência". Na Igreja da Matriz de Recife,

[...] levando diante de si a tropa dos negros a dar a Deus as graças e ao glorioso Santo Antônio da mercê que nos fizera em conseguirmos a vassalagem daqueles bárbaros, estava a capela-mor da igreja ricamente de seda adornada, o Santíssimo exposto em um trono custosamente perfeito, muito farto de luzes, e mui brindado de adornos.

E após os festejos

[...] quis o governador que logo se batizassem, porque, com a nova vida da Graça, começassem a lograr os benefícios da paz; e posto que os negros mesmos desejavam receber o batismo, foi necessário diferir-se para mais oportuna ocasião, para que com mais cuidado se empenhassem no intento a que vinham, e com maiores informações recebessem o sacramento que procuravam. Cantou-se solenemente a missa, subiu ao púlpito o vigário da mesma freguesia, e não faltou a dar a Deus as graças que se lhe deviam, nem a Santo Antônio as glórias que lhe redundavam.

Foi proposta a "petição do rei dos Palmares, em que pedia paz, liberdade, sítio, e entrega das mulheres". Houve concordância que

[...] lhes dessem para vivenda o sítio que eles apontassem e a paz para a sua habitação, e plantas; que se assentasse a paz; e que o rei se recolhesse a habitar o lugar determinado; que fossem livres os nascidos nos Palmares; que teriam comércio, e trato com os moradores; e que lograriam o favor de vassalos de Sua Alteza; e reparando-se no Conselho se o rei Ganga Zumba era poderoso para conduzir alguns corsários, que viviam distantes das suas cidades, respondeu o filho, que o rei conduziria a todos ao nosso domínio, e quando algum por rebelde repugnasse a sua e nossa obediência, ele o conquistaria e daria guias para as nossas armas o desbaratarem.

Por fim, com "estas advertências se assentou a paz, e se concluiu o Conselho" e

[...] que tudo mandou o governador Aires de Souza fazer papel, para que os negros levassem por escrito o que se tinha tratado por conferência; e assim os despediu a cargo de um sargento-mor do Terço de Henrique Dias, que sabia ler e escrever, para que lesse e declarasse ao rei e aos mais o tratado de paz; reservando o governador dois negros para que ficassem em companhia do filho do rei, que não estava capaz de fazer viagem pela ferida que trouxera; a este mandou assistir com todo cuidado para a sua cura; e aos mais com o necessário para o sustento.

No relato de memória sobre o tratado de paz, concluía-se:

Esta é a relação da ruína em que vieram cair os Palmares tão temidos nestas capitanias, e tão poderosos na sua opinião; chegou lhes o tempo da sua declinação para ter Sua Alteza a glória do seu vencimento, que, como se julgava impossível pelas dificuldades, deve recrescer na estimação pela fortuna; já se correm livres aquelas montanhas, que até agora eram impenetráveis a toda diligência; já se dão os moradores por seguros, as fazendas por aumentadas, os caminhos por desimpedidos; e sendo este triunfo para Sua Alteza de grandes rendimentos, não foi esta campanha para sua Real Fazenda de nenhum custo, porque, sem desembolso, nem despesa do seu cabedal se aumentou com o lucro dos quintos, que se cobraram, e com a esperança de multiplicados aumentos, que se podem colher, por serem aqueles sertões ricos de excelentes madeiras, com várzeas fertilíssimas para engenhos, e pastos estendidos para gados [...]. Agora é que concluiu a restauração total destas capitanias de Pernambuco; porque agora se acham dominantes do mesmo inimigo; que das partes adentro as inquietava há tantos anos; com tão felizes sucessos que aqueles mesmos que nos destruíam com suas armas, nos prometem servir com seus trabalhos.

Embora compulsório nas sociedades escravistas, para muitos africanos os processos de batismo e de nomeação com termos europeus significavam – entre outras coisas – a proteção contra feitiços e a reinvenção de uma nova vida no Atlântico.

Os *palmaristas* concordaram com um tratado de paz, considerando que a autonomia de Palmares fosse respeitada. O referido governador aceitou inicialmente, colocando as seguintes condições:

- A liberdade dos negros nascidos em Palmares seria respeitada.
- Os *palmaristas* poderiam continuar mantendo trocas mercantis com taberneiros, comerciantes e vendeiros da região.
- As terras nas quais os *palmaristas* iriam viver seriam agora demarcadas pela Coroa.
- Novos cativos que fugissem para Palmares deveriam ser imediatamente devolvidos para as autoridades coloniais e seus respectivos proprietários.
- A partir da assinatura daquele tratado, *palmaristas* passariam à condição de vassalos do rei.

Visando fundamentalmente garantir sobrevivência e autonomia, *palmaristas* de alguns mocambos a princípio aceitaram o tratado.

Havia ainda alguns detalhes. O próprio Ganga-Zumba seguiu para Recife a fim de selar o acordo. Lá chegando, é nomeado oficial do exército português. Outras questões surgiram. As terras de Palmares eram altamente valorizadas. Havia vários senhores de engenho e muitos sesmeiros nelas interessados. Aos próprios comandantes de tropas contra Palmares eram prometidas sesmarias e lotes de terras na região. O acordo, além de demarcar as terras em que os *palmaristas* iriam se estabelecer, os obrigava a não aceitar mais nenhum fugitivo escravo em seus mocambos.

Os *palmaristas* dividem-se, porém, quanto à aceitação integral do referido tratado. Enquanto Ganga-Zumba e outros migram para a região do Cucaú, Zumbi, importante liderança militar, opta por continuar no mocambo Macaco com outros tantos. A negociação estava ameaçada. A guerra continuaria. Parte dela se daria no interior do próprio Palmares. Desse modo, os *palmaristas* comandados por Ganga-Zumba migraram para a região do Cucaú, como parte do acordo. Ao mesmo tempo, outros *palmaristas* – em outros mocambos – permaneceram estabelecidos na serra da Barriga. É possível que outros ainda tenham migrado para áreas de capitanias vizinhas. Com a possibilidade do tratado de paz, a articulação entre vários mocambos em Palmares parecia estar fragilizada.

Acordos de paz ameaçados (1685)

[...] Senhor. Na frota passada dei conta a Vossa Majestade do estado em que achei a guerra dos Palmares, conforme as notícias que meu antecessor me deu, e as mais que alcancei em os poucos dias de meu governo; e estando para lhe dar perdão em nome de Vossa Majestade; para que elas viessem viver quietos a esta capitania, com as liberdades que Vossa Majestade lhe concede em suas reais ordens; me chegarão queixas das câmaras e povos circunvizinhos a eles das tiranias, que lhe estavam fazendo, matando os moradores, saqueando-lhes suas casas, levando-lhe os seus escravos cativos; com que vendo eu o excesso com que eles tão insolentemente os oprimem faltando a palavra de viverem quietos e subordinados a vassalos de Vossa Majestade, suspendi a execução do perdão, e me resolvi (sem embargo de não ter nenhuns efeitos para gastar nesta Guerra) a mandá-los castigar, com demonstração exemplar; na certeza de que Vossa Majestade. Aprovará-me esta resolução; e haverá por bem a despesa que fizer de sua fazenda; que sempre será a menor que for possível; porque para este efeito mando as câmaras fazer um pedido voluntário, por toda á capitania, que suposto está mui avexada há tantos anos; espero contribuam todos com o que lhe for possível; e quando os efeitos dele, não cheguem para a despesa, será justo suprir ao mais a grandeza de Vossa Majestade. E que como tão amante de seus vassalos, deve aliviá-los deste jugo tão vil, condoído de tantas opressões, como com ele padecem; e experimentando a sua fazenda diminuição gravíssima; e querendo nomear cabo para esta empresa, me achei com os que tinham alguma experiência desta guerra, velhos, e estropiados do trabalho das campanhas, e todos com impedimento urgente para não saírem de seus quartéis; e vendo-me eu neste aperto, se me mandou oferecer com liberal animo o capitão Fernão Carrilho, o qual estava prezo pela culpa de não castigar estes levantados negros, dizendo-me que queria ir servir a Vossa Majestade não como Cabo desta facção, senão como soldado dela, e queria mostrar com seu valor, que se faltou as ordens de seus maiores foi por erro de seu entendimento, e não omissão de seu animo; e por eu esperar dele que com todo o acerto atalhará estes insultos, e castigará estes rebeldes, para que Vossa Majestade tenha motivo de lhe perdoar a culpa porque foi prezo, o mandei soltar sobre mensagem, para todo tempo estar pronto para tudo o que Vossa Majestade foi servido dispor dele; e o elegi por capitão maior, e cabo das tropas da campanha; ordenando-lhe fizesse arraial em um sitio que se achou ser mais conveniente a destruição destes negros, e para que mais se facilitasse aos soldados; concedi (por bandos que mandei lançar) as prezas livres a quem as tomasse, dos quintos de Vossa Majestade e joia que se costuma das aos governadores, porque este será o meio mais eficaz, para se extinguir esta canalha.

Também se me oferece dizer a Vossa Majestade, que recebi aqui uma carta de uns paulistas, que andam nos sertões, escrita a meu antecessor Dom João de Souza em que lhe pediam umas patentes de capitão-mor, e capitães para conquistarem aqueles gentios, e como isto encontrava as ordens de Vossa Majestade lá não mandei: e por estes homens serem os verdadeiros sertanejos e se acharem com quatrocentos homens de armas, os roguei para esta conquista dos Palmares mandando-lhe patentes de conquistadores deles, e conservadores do gentio daquele distrito aonde vivem, concedendo-lhe a mesma concessão das prezas livres; e que me extinguindo estes negros lhe prometia que Vossa Majestade lhe havia de fazer grandes honras, e mercês; e que eu seria solicitador delas; sendo certo que Vossa Majestade havia de regular este serviço por muito grande; com que espero (Senhor) que estes homens movidos da ambição de lograrem as honras de Vossa Majestade venham a esta facção, e então terei por sem dúvida, que chegou o tempo de verem estes levantados a sua ruína: Tendo eu o gosto que no de meu governo dê muitas vitórias a Vossa Majestade de quem espero aprovação de todas estas disposições, como quem quer ter no serviço de Vossa Majestade grandes acertos.

(Fonte: Consulta do governador de Pernambuco em que dá conta dos novos excessos e tiranias, que fazem os negros dos Palmares em todas aquelas capitanias (07/11/1685). Documento existente no Arquivo Histórico Colonial de Portugal, copiado por Ernesto Ennes. Ver: Ennes, Ernesto. *As guerras nos Palmares*: subsídios a sua história. São Paulo: Companhia Editora Nacional, 1938, pp. 150-152 - documento n. 7).

O acordo fracassou por vários motivos, embora parte da historiografia tenha concentrado as análises na oposição Ganga-Zumba – como traidor da causa dos mocambos – *versus* Zumbi, o herói destemido. Mas havia várias questões econômicas e geopolíticas em jogo. Provavelmente, o tratado foi boicotado por fazendeiros, comerciantes de grosso trato e donos de engenho, isso sem falar na Igreja e nos jesuítas, aliás também interessados no tráfico negreiro. Tal fato explicaria a posição contrária do padre Antônio Vieira sobre o acordo de paz e o envio de jesuítas para catequizar os *palmaristas*. Nesse caso, qualquer tratado de paz – embora interessasse a uma ou outra autoridade colonial desejosa de conseguir a paz com os *palmaristas* – colocava em risco o projeto escravista cristão do Império português e suas dimensões atlânticas, envolvendo América portuguesa e Angola. Essa hipótese de Alencastro caminha na direção das reflexões de Vainfas sobre o refluxo da ideologia escravista cristã em termos do cativeiro indígena *versus* escravidão africana.

Entre os séculos XVII e XVIII, há uma mudança ideológica no que se refere a sociedade colonial e escravidão. Escravo passa a ser cada vez mais sinônimo de africano, enquanto denúncias e legislação antiescravista indígena recrudescem, em virtude também de disputas entre setores religiosos, colonos e autoridades. Nessas mudanças, embora pouco ressaltada, há o impacto da rebeldia escrava – no caso Palmares – produzindo abalos na consciência senhorial, por meio de medos, omissões e silenciamentos sobre o seu evento na literatura colonial do século XVII.

Padre Antônio Vieira contra Palmares

[...] Muito me admiro (mas tal é o sumo zelo em S.M. de salvar a todos!) que, sem outra informação dos superiores desta Província, houvesse por bem a oferta feita por um padre particular de ir aos Palmares. Este padre é um religioso italiano de não muitos anos, e, posto que de bom espírito e fervoroso, de pouca ou nenhuma experiência nesta matéria. Já outro de maior capacidade teve o mesmo pensamento; e posto em consulta julgaram todos ser impossível e inútil por muitas razões. Primeira: por que se isto fosse possível havia de ser por meio dos padres naturais de Angola que temos, aos quais creem, e deles se fiam e os entendem, como de sua própria pátria e língua; mas todos concordam em que é matéria alheia de todo o fundamento e esperança. Segunda: porque até deles neste particular se não hão-de fiar por nenhum modo, suspeitando e crendo sempre que são espias dos governadores, para os avisarem secretamente de como podem ser conquistados. Terceira: porque bastará a menor destas suspeitas, ou em todos ou em alguns, para os matarem com peçonha, como fazem oculta e secretìssimamente uns aos outros. Quarta: porque ainda que cessassem dos assaltos que fazem no povoado dos portugueses, nunca hão-de deixar de admitir aos de sua nação que para eles fugirem. Quinta: fortíssima e total, porque sendo rebelados e cativos, estão e perseveram em pecado contínuo e atual, de que não podem ser absoltos, nem receber a graça de Deus, sem se restituírem ao serviço e obediência de seus senhores, o que de nenhum modo hão-de fazer.

Só um meio havia eficaz e efetivo para verdadeiramente se reduzirem, que era concedendo-lhe S.M. e todos seus senhores espontânea, liberal e segura liberdade, vivendo naqueles sítios como outros índios e gentios livres, e que então os padres fossem seus párocos e os doutrinassem como aos demais.

Porém esta mesma liberdade assim considerada seria a total destruição do Brasil, porque conhecendo os demais negros que por este meio tinham conseguido o ficar livres, cada cidade, cada vila, cada lugar, cada engenho, seriam logo outros tantos Palmares, fugindo e passando-se aos matos com todo o seu cabedal, que não é outro mais que o próprio corpo.

(Fonte: Carta de Padre Vieira a Roque Monteiro Paim (1691). Manuscrito publicado em *Cartas do Pe. Antônio Vieira*. Coordenadas e anotadas por J. Lúcio d'Azevedo. Coimbra: Imprensa Universitária, 1928, t. III, pp. 617-22.)

De qualquer modo, há ainda muito que se analisar sobre as dimensões dos tratados de 1678 e ainda mais sobre a onda de repressão entre 1691 e 1697, especialmente o que diz respeito à participação dos *paulistas* e às disputas entre câmaras locais e autoridades coloniais. Muitas sesmarias foram doadas na região de Palmares nas décadas de 1670 e 1680. Mesmo antes, em 1660, retornando da fuga para a Bahia – quando da ocupação neerlandesa –, "moradores e povoadores da capitania da Bahia" solicitavam cartas de sesmaria para "povoar as terras devolutas e sertão desta Capitania de Pernambuco chegados e vizinhos dos rebeldes dos mocambos e Palmares". As terras demarcadas para Lourenço de Brito Corrêa, Joana Corrêa, capitão Antônio Lopes Soeiro e o padre Mateus de Mendonça – todos da capitania da Bahia – já eram assinaladas como áreas "confinando com o mocambo e Palmares dos negros fugidos com todas suas ribeiras, lagoas e matos".

Naquela vasta região, a ocupação estava contida ou determinada pela existência de Palmares. Foram vários os sesmeiros que desistiram inicialmente de montar seus negócios. Mais tarde, em 1694, muitos desses antigos sesmeiros não só retornaram à região, como passaram a reivindicar as doações de sesmarias anteriores. A ocupação estaria agora garantida com as primeiras informações sobre a erradicação dos *palmaristas* e o estabelecimento de aldeamentos indígenas realizados pela Coroa.

Entre Zumbi e Ganga-Zumba: lutas pelo poder

O poder central de Palmares no período de 1645 a 1678 esteve provavelmente nas mãos de Ganga-Zumba, ainda que houvesse autonomia militar e econômica em alguns mocambos. Em termos de organização prevaleceu uma espécie de política autocrática. A estrutura socioeconômica de Palmares – principalmente quando recrudesceram os ataques contra eles na segunda metade do século XVII – foi fortemente marcada pela organização político-militar.

Somente conhecemos os personagens de Palmares por meio de relatos daqueles que tentavam capturá-los. De Ganga-Zumba, fala-se que era um dos principais líderes de Palmares na segunda metade do século XVII. Fala-se também de Ganga-Zona, importante liderança de Palmares e irmão de Ganga-Zumba e Ganga-Muiça, comandante militar geral das forças *palmaristas*. Zumbi seria sobrinho de Ganga-Zumba e líder militar e comandante geral de Palmares de 1678 até 1695, quando foi tocaiado e morto pelas tropas paulistas. De Acotirene dizem os documentos que seria mãe de Ganga-Zumba e que teria comandado um mocambo. Há notícias de outros, como Osenga, líder militar e chefe de um mocambo; Zangui, dirigente do mocambo Catingas; Cabanga, chefe do mocambo Una; Camoanga, que após a morte de Zumbi comandaria Palmares até 1703, quando seria assassinado; Mouza teria sucedido Camoanga na liderança de Palmares até 1711; João Mulato, importante líder militar; Maihoio, liderança do mocambo Aqualtune; Gaspar, destacado guerreiro e chefe da segurança de Ganga-Zumba; Amaro, comandante do mocambo denominado Amaro; Canhongo, liderança de tropas *palmaristas*; Gone, líder militar; Toculo, filho de Ganga-Zumba e destacado guerreiro militar; Zambi, filho de Ganga-Zumba e destacado guerreiro militar; Acaiuba, filho de Zumbi e destacado guerreiro militar; Pacassa, importante dirigente de mocambo; João Tapuia, destacado combatente *palmarista*; e Ambrósio, valoroso combatente *palmarista*.

O novo líder dos mocambos em Pernambuco a partir de 1678 seria Zumbi. Segundo Décio Freitas, Zumbi teria nascido em Palmares em 1655. Durante as investidas coloniais contra os *palmaristas*, foi capturado ainda recém-nascido. Levado para a Vila de Porto Calvo foi batizado com o nome de Francisco. Cresceu e passou a trabalhar para o padre Antônio de Mello. Sabe-se ainda que com este aprendeu bem o latim e o português. Em 1670, com cerca de 15 anos, fugiu para Palmares. Poucos anos depois já se tornava importante comandante militar. No final de 1678, com sua decisão de não apoiar o acordo com os portugueses e devido ao assassinato de Ganga-Zumba, tornar-se-ia o principal líder de Palmares.

A sistemática de guerras contra os *palmaristas* nas décadas de 1670 e 1680 foi paulatinamente enfraquecendo Palmares. Vários líderes militares foram durante esse período presos e mortos. Os constantes e necessários deslocamentos dos *palmaristas* minavam suas resistências. Não havia tempo suficiente para planejar novas evacuações e reorganizar suas economias.

Não sabemos como e por que a liderança de Ganga-Zumba começou a ser questionada. Seria depois das tentativas de acordo em 1678? Quando concordou com a condição de, garantindo a autonomia de Palmares, entregar os cativos não nascidos nos mocambos? *Palmaristas* temeram ser reescravizados? Pelo menos em termos locais, Palmares deve ter representado um símbolo de liberdade para aqueles que permaneciam escravos. É provável que os próprios cativos assenzalados tenham recebido mal as primeiras notícias do acordo selado por Ganga-Zumba. Ainda pouco sabemos.

A autoridade de Ganga-Zumba sob os demais *palmaristas* era tanto política quanto militar e religiosa. Seus filhos – entre os quais

Segundo Décio Freitas – baseado em documentos de arquivos coloniais portugueses –, Zumbi teria nascido em Palmares em meados do século XVII, capturado ainda criança e levado para Vila de Porto Calvo, onde fora criado como escravo por um padre. Posteriormente, fugiu e retornou a Palmares, transformando-se em uma importante liderança entre 1680 e 1695.

Zambi, Acaiene e Toculo – aparecem na documentação como "valorosos guerreiros". Até sua mãe, Acotirene, exercia a liderança em um mocambo do mesmo nome. Sobre a palavra Ganga, que aparece em Ganga-Zumba, Ganga-Zona e Ganga-Muiça, é possível acompanhar os estudos africanistas de Hilton, Miller e Thornton. Significava nganga, uma espécie de sacerdote.

A opção pelo acordo naquelas condições deveu-se a uma preocupação com o destino de Palmares e seus habitantes caso as guerras continuassem aumentando. Porém, logo Zumbi e outros dirigentes de mocambos em Palmares puderam perceber o quanto aquele acordo poderia ser nocivo para os próprios *palmaristas*. Viveriam sob o controle direto das autoridades coloniais. Mesmo com a demarcação das áreas, suas terras continuariam cobiçadas. Além disso, quem primeiro descumpriu o acordo foram as próprias autoridades coloniais. Voltariam a atacar Palmares sob a justificativa de que continuavam fugindo negros para lá. Cresceu o descontentamento entre os *palmaristas*. As autoridades coloniais também perceberam e tentaram aproveitar-se das possíveis divisões políticas entre habitantes. Certamente acreditavam que tais divisões enfraqueceriam Palmares e tornar mais fácil sua destruição definitiva. Mesmo assim, preocupavam-se com Zumbi e seus seguidores. Os ataques contra vilas e povoados poderiam reaparecer.

Enquanto isso, o próprio Ganga-Zumba temia que houvesse contra ele e no seu mocambo uma conspiração dos *palmaristas* descontentes. Diversos, inclusive, abandonaram o mocambo de Cucaú e passam a aumentar o número de seguidores de Zumbi. A preocupação do líder não era à toa: Ganga-Zumba acaba sendo envenenado e outros tantos seus seguidores são executados.

Expedições punitivas e ataques contra vários mocambos de Palmares continuam ocorrendo. Os *palmaristas* então reorganizam-se militarmente sob o comando de Zumbi, agora o principal líder. Muitos dispersos pela floresta criam novos mocambos. Surgem os mocambos de Una, Engana-Colomim, Pedro Capacaça, Gongoro, entre outros. Os mocambos de Macaco, Osenga, Dambraganga e o do próprio Zumbi continuam de pé. Estes voltam a realizar razias na região. As autoridades recuam. Tentam agora propor um acordo com Zumbi.

Esses comandantes, de fato, preocupam-se com a recusa de Zumbi em negociar naqueles termos, ou seja, a rendição dos não nascidos em Palmares, o confinamento em algumas partes da serra e o pior, a devolução dos negros fugidos dos engenhos que chegassem aos mocambos. Sem acordo, ocorrem novas ofensivas contra Palmares.

No ano de 1679 tropas constituídas de índios aldeados da Vila de Alagoas sob o comando de João Freitas da Cunha são fragorosamente derrotadas. Tal fato se repetiria com a expedição comandada por Gonçalo Moreira, em meados de 1680. No final desse mesmo ano há novos envios de tropas reescravizadoras. Composta por cada vez mais homens e armamentos, a repressão vai minando a resistência *palmarista*.

Forças coloniais dirigidas por João Martins e Alexandre Cardoso atacam e destroem vários mocambos na serra da Barriga e chegam

As fontes revelam uma complexa estrutura militar em Palmares.

a capturar centenas de *palmaristas*. Maioio, que comandava um dos mocambos localizados próximos ao rio Mundaú, é capturado. Começam a ser enviados para Recife inúmeros *palmaristas* presos durante a repressão. Como resposta, Zumbi e seus comandados voltam a realizar ataques repentinos contra vilas e povoados. Há notícias de que diversos cativos assenzalados e mulheres brancas acabavam sequestrados. Em 1683 outra expedição é preparada. Mais uma vez Fernão Carrilho é o comandante. Mais batalhas. Em 1684 e 1687 a história se repete. O poderio militar *palmarista* começa a ser pouco a pouco minado. Setores do poder colonial jogam duro para destruir Palmares e novas tentativas de acordo com Zumbi são feitas.

Nas senzalas, cativos deviam estar ansiosos. A derrota de Palmares podia afetar suas vidas. As trocas econômicas e as redes de solidariedades seriam, então, destruídas. Sem falar no fim de um sonho de encontrar a liberdade naqueles mocambos. Era um momento de expectativa e apreensão. Denuncia-se, inclusive, que os cativos nos engenhos prepariam uma insurreição contando com o apoio dos *palmaristas*. É guerra total.

Imagens da guerra contra Palmares (1687)

É importantíssimo mandar Sua Majestade que Deus Guarde dar forma a guerra dos Palmares pelas danosas consequências que dela nascem assim a estas capitanias, como as suas frotas, por estarem os negros mui absolutos e desaforados tanto, que mandarão este ano negros, fingindo-se dos moradores, a persuadir os nossos escravos que se levantassem e nos matassem, que eles os veriam socorrer, o que os permitiu que descobrisse uma negra. Estes negros são robustos e sofredores de todo o trabalho, por uso, e por natureza, e são muitos em numero, e cada vez mais, não lhes falta destreza nas armas, nem no coração ousadia, como se viu no tempo que governou D.Pedro de Almeida, em que se despovoarão algumas Capitanias do sul, pelas mortes, roubos, e insolências, que em contínuos assaltos faziam estes Negros; e o nosso exercito, que pode domar o orgulho de Holanda naquele Tempo, já formidável a todo mundo, nenhum efeito tem conseguido; contra estes bárbaros em varias e repetidas entradas que fez aos Palmares com grande dispêndio da Fazenda real, antes com pouco dano que receberão, se lhe aumentou a confiança, para no-lo fazerem maior.

A razão desta diferença he, que na guerra dos Holandeses era a vitória do valor, nesta do sofrimento: lá pelejasse contra homens, cá contra a fome do sertão contra a inaccessível dos montes, o impenetrável dos Bosques e contra brutos, que os habitam.

[...] Conhecida esta razão pela experiência, mandou o governador e Câmaras desta capitanias, chamar a Fernão Carrilho morador em Sergipe Del Rei, que em várias ocasiões nos mocambos os Negros fugidos tinha mostrado préstimo para a guerra do mato; a qual vendo a dispôs em nova forma, elegendo Cabos Sertanejos com que he certo se conseguirão felizes sucessos, passando aonde não chegarão os maiores poderes facilitando de sorte os Caminhos, que não só gente, mas gado se pode conduzir por eles o que de antes parecia impossível, assim pela densidade dos matos como pelo empinado dos outeiros; e finalmente obrou de sorte com seu valor, e disposição, e [ilegível] e aprisionou tanto número de negros, que entre eles obrou fama de feiticeiro, parecendo-se-lhes, que excede as forças humanas sua resolução de que conceberam tal medo que dois régulos vieram a pedir paz, que se lhes concedeu; e é sem dúvida que os negros temem mais só a Carrilho com pouca gente, que a outros cabos com muita , por ser tanto o seu poder, e a defesa que lhes faz a natureza do sítio, que o valor prudência, e disposição, dos Governadores Aires de Souza de Castro, e D. João de Souza, fazendo-se as maiores diligências, os não pode extinguir.

He também de advertir, que demais das hostilidades, que estes negros fazem, se pode recear; que infestando estas costas alguns Inimigos; se confederem com eles, e causem uma grande ruína (o que Deus não permita; e assim convém que Sua Majestade vendo, e prevendo uns e outros danos presentes, e possíveis mande com toda a brevidade considerar o que neste papel lhe reapresento para o remediar como for servido; e posto que tão árduo negócio requere maior talento para dar arbítrio nele com tudo o zelo do serviço real, e bem da Pátria me obriga a dizer o que entendo sobre a forma , e disposição desta guerra.

Remédio ao Dano do Gentio dos Palmares.

Em primeiro lugar os Palmares que os negros ocupam são mui dilatados, e a gente muita tanto pela multiplicação dos que para eles se retirarão ha perto, ou mais de cem anos, como pelos que em todo este tempo tem fugido para eles: uns levados do amor da liberdade, outros do medo do castigo, alguns induzidos pelos mesmos negros e muitos roubados das campanhas por eles; e posto que a guerra destrua muitos nunca os extinguirá senão pela maneira seguinte.

Parece-me que ordene Sua Majestade que no meio dos Palmares se faça uma casa forte, e que nela assista por cabo, Fernão Carrilho pelo temor, e que dele tem os Negros com a infantaria necessária, e que as Aldeias do terço do Camarão, e as demais dos Índios domésticos se situem por diversas partes dos Palmares: tanto para que os negros , não tenham lugar seguro em que habitar como para cativar e impedir aos dos moradores, que fugirem; mas para isto he muito necessário que assim o cabo, enquanto de todo senão acaba esta (guerra) como os cabos dos Índios da Aldeias que ali se devem mandar perpetuar, tenham ordem, para que todo o negro que fugir, o enforquem onde quer que o acharem; porque só este temor e nenhum outro os há de sujeitar, a não se irem para os Palmares; com que se impede totalmente o aumento deles; e se lhes considera que as Negras e moleques possam vender como prezas suas. E porque pode parecer rigoroso o castigo de enforcar um negro tanto que fugir para o Palmar [no caso, como era chamado Palmares] respondo como quem sabe do Brasil que os Negros em que se fiam mais para obrarem maldades he dizerem que seus senhores, o que lhes podem fazer, é açoitá-los mais que matá-los não porque os brancos não querem perder o seu dinheiro, e com a morte de poucos se seguram os escravos de todos, e isto com segura consciência se deve guardar does vemos, que nas Índias de Castela, se enforcam os Negros que se acham fugidos: e na Europa todo o soldado que foge do exercito, só a fim de conservar nele os mais, o que com os Negros se há de observar com maior razão porque os que fogem não só dão mau exemplo aos outros, mas os vem persuadir a que fujão e se voluntariamente o não fazem os levam a força.

He também muito de ponderar, que os gentios bravos que cercam os Palmares e todos os Mocambos dos negros são seus acérrimos inimigos. não só os desejam destruir, mas comer, e com o tal gentio se pode ter comunicação,e persuadi-los a vir sobre os negros com o interesse de aguardente da terra, facas e outras coisas, que se lhes ofereçam: e cercados os Negros, é por este modo apertados do gentio pelo sertão, e dos nossos pela marinha infalivelmente antes hão de querer ser cativos, que mortos.

(Fonte: Cópia de uma carta que se escreveu de Pernambuco sobre os negros dos Palmares (1687). Documento existente no Arquivo Histórico Colonial de Portugal, copiado por Ernesto Ennes. Ver: ENNES, Ernesto. *As guerras nos Palmares*: subsídios a sua história. São Paulo: Companhia Editora Nacional, 1938, pp. 160-3, documento n. 12.)

Os paulistas e o grande cerco

No final da década de 1680 renasce a ideia de utilizar os paulistas para guerrear Palmares. Começam as negociações para a participação deles nas expedições. Existia, porém, outros interesses em jogo. São inicialmente impostas condições pelos oficiais paulistas:
- A capitania de Pernambuco forneceria pólvora, chumbo e mantimentos necessários para a expedição;
- Teriam direito ao quinto cobrado pelos prisioneiros *palmaristas*;
- As crianças capturadas nos mocambos seriam propriedades suas;
- Após o início da expedição teriam o direito a receber oito mil réis por cada *palmarista* que se apresentasse por conta própria ao seu senhor;
- Teriam direito de posse e usufruto das terras onde se localizavam os mocambos de Palmares;
- Poderiam prender ou manter detida qualquer pessoa da capitania suspeita de manter contatos de comércio, ajuda ou proteção com os *palmaristas*

> **Paulistas x pernambucanos contra Palmares (1675)**
>
> Além de que consideram eles uma grande diferença para haverem de vir á Conquista dos Palmares de Pernambuco ou á dos Bárbaros da Bahia porque a dos Bárbaros era fazer guerra ao Gentio a que eles sempre foram costumados, mas a dos Palmares é fazê-la a negros com que nunca pelejaram, e esses fortificados como Vossa Senhoria diz: o que não têm as Aldeias do Gentio ás quais investem por numerosas que sejam, com tropas mui desiguais; e os Palmares têm resistido a tão grandes soldados, e a tão considerável poder como portão varias vezes têm ali ido. Por todas estas razões entendo que não são os paulistas, tão convenientes para essa guerra, como os mesmos pernambucanos. E com eles tenho por infalível que ha Vossa Senhoria de ter a gloria de ver rendidos todos os negros, e reduzidos esses moradores ao sossego que Vossa Senhoria lhe procura.
>
> (Fonte: Carta para o Governador de Pernambuco D. Pedro de Almeida sobre a disposição da Guerra dos Palmares (25/02/1675), *Coleção Documentos Históricos*, v. 10, pp. 134-6.)

Destaca-se a preocupação dos paulistas com a partilha dos capturados de Palmares e também com o apoio – reconhecido – que os *palmaristas* tinham de vários setores sociais de Pernambuco, como pequenos lavradores que com eles mantinham trocas mercantis.

Há recuos das autoridades, e principalmente dos senhores de engenho de Pernambuco, em aceitar as condições impostas pelos paulistas. A questão principal era as terras dos *palmaristas*. Eram muito valiosas. Com a destruição dos mocambos, estas ficariam na mão dos paulistas, mais propriamente com Domingos Jorge Velho, seu principal chefe. O historiador Alencastro sugere que os interesses e a disposição dos bandeiras paulistas comandados por Domingos Jorge Velho para combater Palmares estavam mais relacionados ao acesso às terras férteis, no caso próximas das praças marítimas. Antes tinham acesso a escravos indígenas (capturados em suas tropas de resgates e apresamentos), porém somente terras no interior, no caso de São Paulo, e portanto dependiam de mercadores das praças litorâneas. Exterminando Palmares, os paulistas teriam acesso – posto que era isso que reivindicavam das autoridades de Pernambuco – às terras férteis e às fronteiras econômicas abertas. Enfrentariam grupos indígenas e teriam um espaço territorializado intra-atlântico de terra e mão de obra.

Domingos Jorge Velho, um bandeirante contra Palmares, era o principal comandante dos paulistas. Tinha bastante experiência na perseguição de índios e destruição de suas aldeias. Fez um detalhado plano de ataque a Palmares. Comandava uma tropa de quase mil homens, entre índios, mestiços e brancos. Do sertão do Piauí, onde estava estacionada, a tropa de paulistas ruma para Pernambuco. Começam a se preparar para a luta. No ano de 1688, porém, surge um imprevisto. Eclode um sublevação dos índios janduís no Rio Grande do Norte. Os paulistas são para lá enviados. Só voltam para atacar Palmares em 1691.

Enquanto isso, *palmaristas* continuam movimentando-se nas serras. Voltam a aproximar-se das vilas. Mais uma vez amedrontam autoridades e moradores. A operação de guerra dos paulistas tinha de ser iniciada imediatamente. Em agosto de 1692, depois de muita preparação, vários impasses e diversas discussões sobre as condições ajustadas para sua realização, a expedição de Domingos Jorge Velho inicia sua marcha. São centenas de soldados, enorme quantidade de armamento e provisões.

Antes mesmo de atingir os principais mocambos em Palmares, as tropas são atacadas. Os *palmaristas* mudam de tática. Ao mesmo tempo em que podiam evacuar a população civil – principalmente idosos e crianças –, realizavam ataques na tentativa de impedir a rápida aproximação dos repressores. O palco das batalhas ainda seria as florestas. Domingos Jorge Velho sentiu de perto a força de Palmares. Mesmo estacionando suas tropas em arraiais situados na serra, os costumeiros problemas de abastecimento surgiram: fome e falta de munição. Houve também muita deserção. Os ataques fulminantes dos *palmaristas* deixavam os integrantes das expedições cada vez mais amedrontados. A noite poderia ser transformada em terror. O perigo dos ataques *palmaristas* era eminente.

Depois do fracasso inicial, incluindo algumas escaramuças em que diversos *palmaristas* foram capturados, o comandante paulista tenta reorganizar suas forças. Chegam reforços. Mais homens, provisões e munição. O principal objetivo da expedição punitiva era atingir o mocambo Macaco, a capital de Palmares.

A aproximação foi extremamente árdua. Floresta fechada, serras íngremes, febres, mosquitos, ataques *palmaristas* e mais de dez dias de marcha forçada. Atingem Palmares finalmente. Quando se preparam para a invasão, são atacados e cercados por centenas de *palmaristas*. Os paulistas recuam. O mocambo maior de Palmares era altamente fortificado. Tinha guaritas, armadilhas ao seu redor e paliçadas por todos lados. Entre o final de 1692 e o ano de 1693, os paulistas, quase acuados, ficam estacionados na região à espera de mais reforços. Com outras estratégias planejam novas abordagens para tentar invasão. *Palmaristas* estão por perto. Acompanham qualquer movimentação dos reescravizadores.

No início de 1694 a operação de guerra é reiniciada. Mais soldados e índios, e agora canhões, dirigem-se a Palmares. A ideia era aproximar-se o máximo possível das cercas fortificadas de Macaco para poderem utilizar os canhões. Atingir tal objetivo não foi tarefa fácil. Os *palmaristas* também tinham seu poderio de fogo e suas estratégias militares. Em duas ocasiões, os paulistas são derrotados.

Domingos Jorge Velho avaliou que para vencer tinha de utilizar os canhões a fim de transpor as cercas da fortificação *palmarista*. Em meados de 1694 continuariam chegando mais homens e armas. Foi uma mobilização militar gigantesca. Mais de mil homens com armamentos e provisões para lá haviam sido enviados. Porém essa não era ainda a solução. Decidiu-se construir uma contracerca. Só assim as forças ficariam suficientemente protegidas contra o fogo intenso dos *palmaristas*. Poderiam, desse modo, chegar perto das cercas e paliçadas da capital de Palmares.

Os *palmaristas* descobrem o plano dos paulistas quando a construção da contracerca estava quase terminada. Como contraestratégia, preparam uma rápida retirada dos mocambos. Antes que isso se concretize, começa o ataque das forças paulistas. Como Macaco ficava na parte mais alta da serra da Barriga, alguns *palmaristas* em fuga acabam caindo em um abismo. Os que permaneceram como retaguarda da evacuação entraram em combate direto com as forças coloniais. Batalhas sangrentas são travadas. Duram horas e atravessam a noite. Mais de 500 *palmaristas* terminaram presos, a maior parte mulheres e crianças. Outros tantos foram mortos. Inúmeros retiram-se para a floresta.

O assassinato de Zumbi

Mesmo cantando vitória, as autoridades perceberiam que o problema dos mocambos em Pernambuco não estava ainda totalmente resolvido. Zumbi deveria ser capturado e vários mocambos remanescentes destruídos.

Ainda no final do ano de 1694, os mocambos Una, Catingas, Pedro Capacaça e Quiloange foram atacados. Ao todo se prendeu mais de duzentos negros. A tropa comandada por Manuel Godói chega a localizar o mocambo onde estaria Zumbi. Situava-se à beira do rio Paraíba. O cerco é realizado. São feitos mais prisioneiros. Zumbi novamente conseguiria escapar. Da floresta, ele procura reorganizar Palmares, reunindo mais *palmaristas* em outros mocambos. Mais uma vez adotaram a tática de razias, procurando agora armas e munição para continuarem lutando. A região da vila de Penedo é atacada. Com a ajuda de um prisioneiro *palmarista,* as forças coloniais vasculham as serras à procura de Zumbi. Mais do que destruir todo Palmares, sua captura é considerada fundamental para as autoridades coloniais.

Festejos pela destruição de Palmares (1694)

Senhor não me pareceu dilatar a Vossa Majestade a notícia da gloriosa restauração dos Palmares, cuja feliz vitória senão avalia por menos que a expulsão dos holandeses, e assim foi festejada por todos estes povos com seis dias de luminárias e outras muitas demonstrações de alegria sem que nada disto se lhes ordenasse.

Os negros se achavam de modo poderosos que esperarão o nosso exército metidos na serra chamada do Barriga fiando-se na aspereza do sítio, na multidão dos defensores, e nas persuasões de muito mulatos facinorosos que os acompanhavam, e não tão bem na regular fortificação que dizem lhe fez um Mouro que para eles fugiu, a qual ainda que era de Madeira estava mui forte com vários fossos e grande quantidade de agudos paus semeados a que os naturais chamam estrepes, ficando deste modo quase inexpugnáveis.

Temeu-se muito a ruína destas capitanias quando a vista de tamanho exército e repetidos socorros como haviam ido para aquela campanha deixassem de ser vencidos aqueles rebeldes pois infalivelmente se lhe uniriam os escravos todos destes moradores como lá se atreviam a publicar pelo que me resolvi ir pessoalmente aos ditos Palmares fazendo a jornada por mar como havia remetido os ditos socorros para que me fosse caminho menos dilatado.

Chegou esta nova aos negros por se haver publicado no exército e amedrontados do empenho que nunca viram e também se achando lá faltos de munições, determinaram fugir, na madrugada de um domingo que se contavam sete deste presente mês de fevereiro, podem tomando-se lhe uma sentinela em a noite antecedente se deram por perdidos supondo-se declarava a falta de pólvora que tinham facilitando esta certeza os combatessem vigorosamente logo que o dia o permitisse.

Nesta confusão se arrojaram os negros desesperadamente na mesma noite a estacada, com que tínhamos cercadas suas mesmas fortificações e não ouve em os nossos toda a resistência necessária pelos poucos defensores que se achavam naquele distrito, mas sendo socorridos se lhe deu uma carga de espingardaria, aos que estavam lá da parte de fora da cerca onde se mataram muitos, e foram tantos feridos, que o sangue que iam derramando serviu de guia as tropas que os seguiram e aprisionaram muitos e outros se tornaram a recolher mas errando o caminho se despencou grande parte deles de uma rocha tão alta que se fizeram pedaços.

Como aclarou o dia se lhe entrou a fortificação em a qual se rendeu tudo apanhando-se-lhe a bagagem e família, avisa-me que passam de quinhentos mortos donde entra um valoroso negro que era seu general e todos; os mais Cabos de nome entre eles e os que ficarão vivos são prisioneiros donde o número passa de seiscentas peças e na demanda dos fugidos se continua inda á vitória.

Nesta felicidade se consideram estes vassalos livres da maior opressão que pode imaginar-se obedecidos de seus escravos, pelo castigo que viram aos traidores; e Vossa Majestade com outro novo Pernambuco, porque as terras são mui dilatadas e as melhores deste governo capazes de se fabricarem grandiosos engenhos, e os que possuem as capitanias circunvizinhas aqueles distritos tornaram a seu antigo rendimentos porque ao presente se acha quase tudo despovoado pelas insolências, roubos e malefícios deste rebeldes e juntamente a fazenda real evitará uma grande despesa, porque consta haver consumido nas guerras dos Palmares perto de quatrocentos mil cruzados, e os moradores e povo mais de um milhão.

Eu determino formar naquelas partes duas aldeias de Índios e nelas mandei ficarem assistindo os Paulistas com seus Tapuias para evitar tornem os negros a se valer daquela sua rochela em que cento e tanto anos se defenderam e aumentaram e tão bem para que as ditas Aldeias e gente dos Paulistas sirvam de ante muro ao Tapuia Brabo daquela parte que ainda que lhe fica longe não he muita a distancia para o modo de vida daqueles Bárbaros.

Estou esperando chegue a preza para que se tirem os quintos reais e o resto se reparta pelos que na guerra assistiram que foi o que antes delas ajustei com os mesmos paulistas.

Creio se dará Vossa Majestade por bem servido no que até aqui tenho obrado e quando assim sei ficarei tendo neste seguro as maiores honras e prêmios desejando se ofereçam novas empresas nas quais a troco do meu sangue, vida e fazenda alcancem as armas de Vossa Majestade mui repetidas vitórias, sendo castigados todos aqueles que faltem a sua devida obediência Deus guarde a muito alta e Real pessoa de Vossa Majestade por dilatados anos como desejam todos seus vassalos e este mais que todos.

(Fonte: Carta do Governador de Pernambuco Caetano de Mello e Castro sobre a gloriosa restauração dos Palmares (18/02/1694). Documento existente no Arquivo Histórico Colonial de Portugal, copiado por Ernesto Ennes. Ver: ENNES, Ernesto. *As guerras nos Palmares*: subsídios a sua história. São Paulo: Companhia Editora Nacional, 1938, pp. 194-6, documento n. 24.)

André Furtado de Mendonça é responsável pelo comando da tropa para a sua captura. Sabendo que Zumbi morava em um mocambo situado na serra Dois Irmãos, as ações da repressão são para lá concentradas. Apesar de bem protegido, o líder *palmarista* acaba localizado e morto em 20 de novembro de 1695. Sua morte seria comemorada por fazendeiros e autoridades.

Como foi a morte de Zumbi

[...] cabo o capitão André Furtado de Mendonça, e temendo o dito mulato que fosse punido por seus graves crimes, oferecessem que lhe segurando a vida em meu nome se obrigava a entregar este traidor, aceitou-se-lhe a oferta e desempenhou a palavra guiando a tropa ao mocambo do negro que tinha lá lançado fora a pouca família que o acompanhava, ficando só mente com vinte negros dos quais mandou quatorze para os postos das emboscadas que esta gente usa no seu modo de guerra, e indo com os seis que lhe restaram a se ocultar no sumidouro que artificiosamente fabricado, achou tomada a passagem; pelejou valorosa ou desesperadamente matando um homem ferindo alguns e não querendo render-se nem os companheiros, foi preciso matá-los e só a um se apanhou vivo; enviou se me a cabeça do Zumbi que determinei se pusesse em um pão no lugar mais púbico desta Praça a satisfazer os ofendidos e justamente queixosos e atemorizar os negros que supertisiosamente julgavam este imortal pelo que se entende que nesta empresa se acabou de todo com os Palmares.

(Fonte: Carta do Governador de Pernambuco Caetano de Melo e Castro dando conta de se ter conseguido a morte do Zumbi a qual descreve (14/03/1696). Documento existente no Arquivo Histórico Colonial de Portugal, copiado por Ernesto Ennes. Ver: ENNES, Ernesto. *As guerras nos Palmares*: subsídios a sua história. São Paulo: Companhia Editora Nacional, 1938, pp. 258-9, documento n. 38.)

Anúncio da morte de Zumbi

[...] Com particular contentamento li a carta, em que me destes a nova de ser morto o Zumbi, no bom sucesso, que tiveram os Paulistas, ainda que foi para eles bastantemente custoso, como por outras noticias se me diz. Com a sua morte, e estrago dos negros considero quase acabada a guerra dos Palmares, destinada há tantos anos, para vós lograres a felicidade de os venceres, e ser vossa essa gloria de que vos dou o parabéns como amigo, e como interessado, pois sempre tocou aos generais a das vitórias, que na sua jurisdição se alcançam. As ocasiões do vosso gosto, sempre acharam no meu amor os alvoroços, que devo á estimação, que delas faço: e as do vosso serviço, sem cerimônia, a minha obrigação.

(Fonte: Carta para o Governador de Pernambuco Caetano de Mello de Castro sobre a morte do Zumbi, e estrago dos negros dos Palmares (24/06/1696). *Documentos Históricos*, v. 38, p. 383. Ver Cópia do Manuscrito em: BN, códice 3, 2, 2, n. 54)

As lutas continuam

Apesar da morte de Zumbi – anunciada nos quatro cantos da Colônia e provavelmente além da fronteira atlântica –, as autoridades bem sabiam que a luta contra os mocambos de Palmares não estava concluída. Havia ainda centenas de fugitivos naquelas serras pernambucanas. Mesmo nas capitanias vizinhas, os *palmaristas* já se faziam presentes.

> **Conselho Ultramarino noticia ao rei a destruição de Palmares**
>
> [...] Pareceu ao Conselho fazer presente a Vossa Majestade o que escreve o Governador da Capitania de Pernambuco, Caetano de Mello de Castro do feliz sucesso que se alcançou na guerra dos Palmares, e que Vossa Majestade lhe deve agradecer as disposições, zelo diligência, e dispêndio da sua fazenda, com que se houve para se conseguir esta vitória; e porque se reconhece ser de grandes consequências para o sossego dos vassalos de Vossa Majestade habitantes na vizinhança destes negros, que se trate de extinguir de todo estes mocambos, para que se não experimentem as hostilidades tão sensíveis como faziam, e a extorsão que padecem nestes assaltos: que Vossa Majestade encomende ao mesmo governador, faça persistir este exercito na Campanha, e que dele senão levante, até que não dê o ultimo fim a esta guerra, e se entenda de que não há mais levantados do que se possa recear, porque a experiência tem mostrado que bastaram poucos que ali fiquem, para arrastarem a outros que fujão, e se vão a incorporar com eles; e como os Paulistas não cumpriram da sua parte tudo

a que se obrigarão para que fosse firme, e recíproco o contrato que com eles se fez; que neste particular se deve seguir o meio que o mesmo Caetano de Mello, aponta, honrando Vossa Majestade ao cabo com a mercê do hábito de Cristo com cinquenta mil rs. de tença efetivos, e que aos mais que o governador não nomeia que Vossa Majestade lhe ordene, os chame a sua presença, e aguardasse da parte de Vossa Majestade o procedimento que tiveram nesta ocasião, e que este serviço fica a Vossa Majestade muito na lembrança, para os acrescentar e premiar a cada um, conforme aos seus merecimentos: e no que toca a ultima parte sobre os negros que se aprisionarão nesta guerra, não ficarem naquelas capitanias por senão dar a ocasião que possam restituir-se aos sertões, e continuarem nos insultos que de antes tinham feito; que se observe e Vossa Majestade aprove, o que o governador dispôs nesta matéria, por ser a resolução que tomou nela a mais conveniente ao serviço de Vossa Majestade e para a conservação e benefícios daqueles moradores. [...]

(Fonte: Consulta do Conselho Ultramarino, sobre as cartas que escreveu o Governador de Pernambuco acerca da vitória que se alcançou na guerra dos Palmares (13/11/1694). Documento existente no Arquivo Histórico Colonial de Portugal, copiado por Ernesto Ennes. Ver: ENNES, Ernesto. *As guerras nos Palmares*: subsídios a sua história. São Paulo: Companhia Editora Nacional, 1938, pp. 192-3, documento n. 23).

As batalhas contra Palmares continuavam. Em 1696, foi atacado o mocambo do Quissama. A liderança de Palmares passou a ser de Camoanga. A ocupação paulatina das serras pernambucanas acabou empurrando os habitantes de Palmares e seus remanescentes para outras áreas. Em 1697, alguns *palmaristas* capturados foram enviados de barco para a capitania do Rio de Janeiro. Em Pernambuco, após a batalha contra Zumbi, colonos sentiam-se mais seguros e passavam a se estabelecer naquelas áreas. Várias sesmarias foram doadas, principalmente aos oficiais que comandaram as expedições repressoras. Porém ocorreu uma intensa queda de braço entre autoridades, fazendeiros e senhores de Pernambuco com os paulistas.

Paulistas e disputas pela ocupação das terras de Palmares (1694)

Senhor, presumindo que da Bahia foge algum Navio para Portugal antes que partisse a frota me resolvi em antecipar a Vossa Majestade a notícia da feliz vitória que alcancei nos Palmares para o que a Dezoito de fevereiro mandei para a dita Bahia ao Ajudante Antonio Gaiozo Noguerol com as cartas e ordem de se embarcar em qualquer Pataxó que foge para esse Reino, o que deixou de fazer por falta de embarcação, e na frota que agora vai deve seguir a jornada que até a presente ocasião se lhe dificultou; e palas Cartas de que o dito ajudante é portador informo a Vossa Majestade de como conseguiu vitória e dos Aplausos com que geralmente foi festejada: e assim não pretendo Agora mais que segurar a Vossa Majestade continuai na empresa os bons sucessos. Porque as Tropas que ia livremente penetram os matos e brenhas e vão aprisionado e extinguindo aos negros que naqueles dilatados bosques oculta o temor, pelo que espero que brevemente se há de concluir de todo aqueles Rebeldes de que nesta praça tem vindo quintar-se, quatrocentas e cinquenta pessoas e me dizem se desencaminhou grande número ficando a maior parte aos Paulistas que como gente bárbara indômita e que vive do que Rouba, foi preciso Dissimular-lhe este excesso por quanto é conveniente conservá-los algum tempo na serra em que hoje assistem; porém não julgo será útil ao Real Serviço de Vossa Majestade que aquela gente fique fazendo sua morada nos Palmares porque experimentarão as Capitanias vizinhas maior dano em seus gados e fazendas que aquele que lhe faziam os mesmos negros levantados; e assim me parece que Vossa Majestade lhe não deve dar terras naqueles distritos e que em honrar ao Mestre de Campo com um Hábito de Cristo e meia tença lhe premia o que obrou naquela guerra em a qual se não deve atender ao contrato que o dito Mestre de Campo fez com o governador João da Cunha Souto Maior e que Vossa Majestade foi servido confirmar; porquanto os Paulistas não satisfizeram as obrigações do dito contrato em que a mais principal, foi fazerem a dita guerra eles sós a sua custa; o que se via tanto ao contrário que as despesas de tudo foram feitas pela Fazenda Real e pelos moradores; e constando o exército de perto de três mil homens entre os socorros que assistiram e se retiraram, e tendo os Paulistas setecentas e tantas Almas só Trezentos se acharam capazes de armas quantia tão limitada que não fora possível conseguissem coisa alguma naquelas partes de vários roubos que fazem os Tapuias de que se compõem o terço dos ditos Paulistas se me fizeram algumas queixas pelos moradores confinantes aqueles distritos mas em o mês de setembro próximo mando as duas Aldeias de Índios que em outra carta aviso Vossa Majestade e com a chegada das ditas Aldeias que se ande situar entre os Paulistas e as fazendas e currais dos moradores se evitará este dano; também bem dou parte a Vossa Majestade que seguindo a ordem de se lançarem fora e para partes distantes destas capitanias os negros grandes que se aprisionassem chamei a minha presença o Ouvidor Geral e Vigário Geral alguns prelados e religiosos doutos para conferir se esta ordem de Vossa Majestade se devia entender juntamente com as negras fêmeas e os cativos; e uniformes resolveram que deste modo se devia entender a dita ordem tanto pela palavra com que se explica ser genérica como por se saber que as negras e os escravos que chegaram a ter aquela liberdade ficam sendo os menos seguros pelo que a experiência tem mostrado; e nesta consideração me resolvi que uns e outros fossem para fora; e me parece conveniente mande Vossa Majestade se conteve nesta mesma forma enquanto se não acabam de todo os Negros dos Palmares ainda que se prendam em diferentes partes por quanto dos ditos palmares fugiram muitos e se espalharam por estes Sertões; isto é o que entendo Vossa Majestade ordenará o que for servido Deus Guarde a mui Alta e Real pessoa de Vossa Majestade para amparo de seus vassalos.

(Fonte: Carta de Caetano de Mello e Castro, datada de Pernambuco em que da notícia do feliz sucesso que teve nos Palmares (04/08/1694). Documento existente no Arquivo Histórico Colonial de Portugal, copiado por Ernesto Ennes. Ver: ENNES, Ernesto. *As guerras nos Palmares*: subsídios a sua história. São Paulo: Companhia Editora Nacional, 1938, pp. 167-99, documento n. 25.)

A presença destes últimos e seus interesses em estabelecer plantações e cultivar terras onde estiveram Palmares – algo previsto e discutido várias vezes entre Domingos Jorge Velho e o governador de Pernambuco com anuência do Conselho Ultramarino – sempre foi vista com desconfiança. Enquanto os paulistas alegavam a necessidade de permanecer mais tempo na região para garantir que Palmares não se reerguesse, pernambucanos falavam em retirá-los de lá por não mais haver necessidade de permanência. Em 1698, após denúncias de mocambos nas serras, Domingos Jorge Velho argumentou: "de resto dos ditos negros difusos e espalhados em vários mocambinhos (que ainda, que há que se lisonjeia, de que tais negros não chegam a trinta, entretanto serão trinta vezes trinta pelo menos)".

Acusações contra os paulistas que combateram Palmares

[...] assim não pretendo agora mais que segurar a Vossa Majestade se continuai na empresa os bons sucessos. porque as tropas que lá livremente penetram os matos e brenhas e vão aprisionando e extinguindo aos negros que naqueles dilatados bosques oculta o temor, pelo que espero que brevemente se há de concluir de todo aqueles rebeldes de que nesta praça tem vindo quintar-se quatrocentas e cinquenta peças e me dizem se desencaminhou grande número ficando a maior parte aos Paulistas que como gente bárbara indômita e que vive do que rouba, foi preciso Dissimular-lhe este excesso por quanto é conveniente conservá-los algum tempo na serra em que hoje assistem; porém não julgo será útil ao Real Serviço de Vossa Majestade que aquela gente fique fazendo sua morada nos Palmares porque experimentaram as Capitanias vizinhas maior dano em seus gados e fazendas que aquele que lhe faziam os mesmos negros levantados; e assim me parece que Vossa Majestade lhe não deve dar terras naqueles distritos e que em

> honrar ao Mestre de Campo com um Hábito de Cristo e meia tença lhe premia o que obrou naquela guerra em a qual se não deve atender ao contrato que o dito Mestre de Campo fez com o governador João da Cunha Souto Maior e que Vossa Majestade foi servido confirmar; porquanto os Paulistas não satisfizeram as obrigações do dito contrato em que a mais principal foi fazerem a dita guerra eles sós a sua custa; o que se via tanto ao contrário que as despesas de tudo foram feitas pela Fazenda Real e pelos moradores; e constando o exército de perto de três mil homens entre os socorros que assistiram e se retiraram, e tendo os Paulistas setecentas e tantas almas só trezentos se acharam capazes de armas quantia tão limitada que não fora possível conseguissem coisa alguma naquelas partes de vários roubos que fazem os tapuias de que se compõem o terço dos ditos Paulistas se me fizeram algumas queixas pelos moradores confinantes aqueles distritos mas em o mês de setembro próximo mando as duas Aldeias de índios que em outra carta aviso Vossa Majestade e com a chegada das ditas Aldeias que se ande situar entre os Paulistas e as fazendas e currais dos moradores se evitará este dano; tão bem dou parte a Vossa Majestade que seguindo a ordem de se lançarem fora e para partes distantes destas capitanias os negros grandes que se aprisionassem chamei a minha presença o ouvidor geral e Vigário Geral alguns prelados e religiosos doutos para conferir se esta ordem de Vossa Majestade se devia entender juntamente com as negras fêmeas e os cativos; e uniformes resolveram que deste modo se devia entender a dita ordem tanto pela palavra com que se explica ser genérica como por se saber que as negras e os escravos que chegaram a ter aquela liberdade ficam sendo os menos seguros pelo que a experiência tem mostrado; e nesta consideração me resolvi que uns e outros fossem para fora; e me parece conveniente mande Vossa Majestade se conteve nesta mesma forma enquanto senão acabam de todo os negros dos Palmares ainda que se prendam em deferentes partes por quanto dos ditos palmares fugirão muitos e se espalharam por estes sertões; isto é o que entendo Vossa Majestade ordenará o que for servido Deus. [...]

(Fonte: Carta de Caetano de Mello e Castro, datada de Pernambuco em que dar notícia do feliz sucesso que teve nos Palmares (04/08/1694). Documento existente no Arquivo Histórico Colonial de Portugal, copiado por Ernesto Ennes. Ver: ENNES, Ernesto. op. cit., pp. 167-99, documento n. 25.)

Nos primeiros anos do século XVIII, Palmares continuava a dar trabalho às autoridades coloniais, mas também sofria baixas. Em 1703, o líder Camoanga é morto durante um ataque. Pelo menos até 1725, forças paulistas permaneceram acantonadas na região. Qualquer tentativa de reorganização de Palmares tinha de ser impedida. Alguns mocambos ainda povoavam as serras. Dessa vez estavam mais dispersos, posto que haviam sido empurrados para o interior. Muitos grupos de fugitivos migraram para a capitania da Paraíba, onde estabeleceram seus mocambos. Mesmo sem que tivessem sido totalmente destruídos, os mocambos em torno de Palmares tinham agora dificuldade de reconstruir sua unidade. Nos anos de 1729, 1736 e 1757, a capitania de Pernambuco continuaria a ter notícia de mocambos ali estabelecidos nas regiões serranas onde outrora haviam vivido os *palmaristas*.

Ocupação das terras de Palmares com aldeamentos indígenas (1700)

[...] No palmar há duas Missões, uma de São Caetano que realmente nem he missão, nem se chama palmar, porque está seis Léguas da vila do Porto do Calvo situada entre engenhos e moradores brancos em terra fértil e abundante, que para vivendo escolheu um sargento mor dos Paulistas chamado Cristóvão de Mendonça, que ao depois da vitória dos Palmares, desceu do mato com alguns soldados, e índios á situar-se naquela parte, este com os mais moradores circunvizinhos fazem porção ordinária ao seu missionário que junta aos benesses de suas ordem (que naquela parte são bons) fica vivendo com cômodo e conveniência.

Outra missão verdadeiramente do palmar está situada no outeiro do Barriga, no lugar em que se deu a Batalha, entre os vastíssimos sertões em que se ocultavam os pretos no tempo que nos faziam guerra, em o qual ficou vivendo o Mestre de Campo Domingos Jorge Velho com o seu regimento de brancos, e Índios, e nele tem [Capitânia] com missionário que lhe assiste violentado da obediências do Bispo, porque sobre não ser conveniência, é trabalhosa, e perigosa a sua missão.

Da diferença destas duas missões nasce a equivocação que se acha entre o Bispo, e religiosos; estes dizem que pediram a primeira, de São [Caetano], e que esta se lhe deu na junta de Pernambuco, e que Sua Majestade lhe confirmou a data. O Bispo responde não foi esta, mas a ultima do outeiro do Barriga e que esta lhe deu, e que por eles dilatarem irem para elas há pouco em um clérigo que nela assiste, que alargará todas as vezes que eles o quiserem aceitar, o que senão pode entender da de São Caetano, que em rezam dos estipêndios que pagaram ao missionário, tem força de [Capitania] curada, e não de missão simples suposto isto, que é certo;

Sem me meter em julgar a razão e a justiça de cada um, porque he matéria superior ao meu talento, me parece ser conveniente que em lugar destas missões aceitem os religiosos as do rio de São Francisco dos Índios da nação Porcas que estão situadas nas Ilhas, do mesmo rio Chamadas Corobabé, Canabrava, e achará; porque sobre serem muito abundantes de peixe, e acomodadas á sua regra, tem um grande número de índios, entre os quais podem os ditos religiosos exercitar seu santo espírito, e conhecido zelo com frutos muitos superiores aos

> que podem tirar das duas da contenda, que sendo muito menores, basta serem de Paulistas para não serem frutíferas, é permanentes; e com este meio ficaram em paz os religiosos, e prelando que é toda a conveniência daquele Estado em comum, e deles mesmos em particular, porque sendo mendicantes necessitam do seu amparo. Se fizer duvida dizerem que nestas missões estão religiosos de São Francisco mandados pelas Jurisdição da Bahia, estes se podem acomodar nas Aldeias da mesma nação que estão na terra firme da parte da mesma Bahia, para as quais deviam ser mandados e não para as ditas Ilhas que tocam a repartição de Pernambuco, e em umas e outras missões tem muito em que se empregarem os talentos de muitos missionários de qualquer estado, e religião; vs. elegerá o que for servido que será o mais acertado para um negócio de tanta suposição.
>
> (Fonte: Carta do Padre Miguel de Carvalho a Roque Monteiros Paim acerca das missões nos Palmares (1700). Documento existente no Arquivo Histórico Colonial de Portugal, copiado por Ernesto Ennes. Ver: ENNES, Ernesto. *As guerras nos Palmares*: subsídios a sua história. São Paulo: Companhia Editora Nacional, 1938, pp. 417-19, documento n. 73.)

Em 1729, na correspondência das autoridades da capitania de Pernambuco, ainda se destacava que

> no sítio dos Palmares que distará desta praça quarenta léguas se juntou um corpo de negros fugidos tão grande que deu muito a entender a todas estas capitanias pelos roubos e mortos que fazem [...] conseguida felizmente a destruição dos negros há 40 anos, pouco mais, ou menos haverá 20 [anos] se reduziram as 10 companhias [guarnições militares]... estas tais companhias, ou regimento não tem hoje exercício algum, porque os negros extintos há muitos anos, e ainda que por algumas partes andem alguns refugiados, e é em grande distância metidos pelas brenhas dos sertões [...].

Enfim, apesar de as autoridades darem Palmares por destruído totalmente, é possível sugerir que grupos de *palmaristas* e seus remanescentes migraram e criaram novos mocambos em outras partes e capitanias. As próprias autoridades passaram a combater de forma mais sistemática, por meio dos capitães do mato, pequenos grupos de fugitivos, temendo que surgissem outros Palmares com semelhante população, estrutura e articulação socioeconômica. Nas mentes das elites coloniais – e provavelmente dos escravos – Palmares poderia estar vivo. Em 1763, em Minas Gerais, o conde de

Assumar falava ainda do perigo de Palmares. Em 1792, com medo do aumento e da movimentação dos mocambos do Rio de Janeiro, as autoridades coloniais diziam que era preciso persegui-los a todo custo, pois poderiam se transformar em um "novo Palmares". Há notícias de quilombos em Alagoas até 1814. No Brasil, por toda parte, inúmeros mocambos surgiriam até as últimas décadas da escravidão. A tradição dos mocambos e quilombos tinha suas raízes.

Resumo das guerras de Palmares[*]

1596 a 1630 – Duas expedições coloniais que visavam atacar de quatro a cinco mocambos na serra da Barriga. Igualmente, há notícias de seis razias lideradas pelos *palmaristas*.

1631 a 1654 – Fala-se de quatro expedições punitivas, próximas ao mocambo Macaco, em Porto Calvo, e quatro ataques dos *palmaristas*. Representou a fase da ocupação holandesa, com poucas informações sobre as expedições reescravizadoras neerlandesas.

1655 a 1694 – Contam-se cerca de 31 expedições coloniais, mas não são computadas as expedições punitivas de iniciativa particular, realizadas com recursos e ações próprias de senhores de engenho e negociantes das vilas próximas a Palmares. Também são noticiados cerca de 13 ataques *palmaristas*.

1695 a 1716 – Mesmo depois da destruição do mocambo Macaco em 1694, há nesta fase 29 expedições coloniais. Zumbi é assassinado em 1695. Os ataques e razias *palmaristas* continuam.

1723 a 1757 – Guarnições militares e aldeamentos de índios são estabelecidos ao longo da serra da Barriga e regiões circunvizinhas da capitania de Pernambuco. Sabe-se que grupos de *palmaristas* dispersos ainda realizam razias e estariam em constante migração.

---

[*] Adaptado de: ALVES FILHO, Ivan. *Memorial de Palmares*. Rio de Janeiro: Xenom, 1988, p. 15.

Cronologia dos mundos atlânticos em torno de Palmares

1513 – Formação de comunidades de fugitivos africanos no Panamá provenientes de um naufrágio de navio negreiro.

1522 – Levante escravo em Hispaniola (depois São Domingos e posteriormente Haiti), considerado a primeira revolta escrava do Caribe.

1533-1538 – *Palenque* no Panamá comandado por Bayano.

1535 – Formação da comunidade Angolares, originada de escravos africanos sobreviventes de um naufrágio na ilha de São Tomé.

1560 – Alianças dos fugitivos com piratas de Francis Drake no Panamá.

1570 – Tratados de Paz com as comunidades de fugitivos do Panamá.

1575 – Primeira repressão de um quilombo de que se tem notícia no Brasil, ocorrida na Bahia.

1590 – Formam-se mocambos nas capitanias da Bahia e de Sergipe, destacando-se o quilombo do rio Itapecuru, na Bahia.

1597 – Primeira notícia sobre mocambos formados nas serras de Pernambuco.

1600 – Tratados de Paz com as comunidades de fugitivos de Vera Cruz, México, lideradas por Nyanga.

1600 – *Palenque* de La Matuna chefiado por Benkos Bihao, na Colômbia.

1602-1603 – A Coroa portuguesa envia as primeiras tropas contra os mocambos de Palmares. Vários *palmaristas* são capturados e alguns enforcados.

1614 – Tribos indígenas aliadas dos portugueses combatem Palmares.

1622 – Nzinga, do reino do Ndongo, torna-se embaixatriz em Luanda e é batizada no cristianismo, assinando tratados de paz.

1625 – Primeiras notícias de mocambos no Rio de Janeiro.

1625 – São estabelecidos acampamentos de guerra e têm início as relações diplomáticas entre portugueses e Nzinga.

1630 – Os holandeses desembarcam na praia de Pau Amarelo, invadindo a capitania de Pernambuco.

1633-1636 – Durante a ocupação holandesa, *palmaristas* realizam várias razias. Iniciam-se deserções maciças de escravos.

1640 – Tentativas de tratados de paz junto aos mocambos da Bahia com o envio de jesuítas.

1641 – Nzinga estabelece aliança com os holandeses.

1641-1643 – Com base nas informações do espião Bartolomeu Lins, os holandeses iniciam um levantamento sobre a organização social e militar de Palmares, visando realizar um ataque.

1644 – Em janeiro, é enviada a primeira expedição holandesa contra Palmares. Comandada por Rodolfo Baro, que destrói o Palmares Grande e captura 37 *palmaristas*; cerca de cem são mortos.

1648 – Nzinga derrota as forças portuguesas em batalhas.

1651 – Nzinga permite a entrada de missionários em seu reino.

1655 – A Coroa portuguesa envia em duas ocasiões tropas contra os *palmaristas*. Forças comandadas por Jácome Bezerra e Antônio Dias capturam duzentos quilombolas. Grandes senhores de engenho de Pernambuco, como Antônio Dias Cardoso, Cristóvão e Silvado Lins e Zenóbio Aciolli, realizam diligências reescravizadoras contra Palmares.

1655-1659 – A Guerra do Orobó. Levantes indígenas no Recôncavo Baiano contra os paiaiases e topins.

1657 – Nzinga assina tratados de paz.

1660 – O então governador de Pernambuco, Francisco de Brito Freire, faz uma proposta para que se criem aldeias indígenas em Serinhaém com o objetivo de coibir os assaltos dos *palmaristas* na região.

1661 – Tropas comandadas por João de Freitas da Cunha seguem para Palmares. Conseguem queimar alguns mocambos e arrasar suas plantações.

1662-1663 – Razias de mocambos em Sergipe.

1662-1670 – Tentativas de tratados de paz na Jamaica e expulsão dos espanhóis.

1663 – Mais tropas são enviadas contra os *palmaristas*, incluindo aquelas formadas por soldados negros, pardos e mulatos: o Terço dos Henriques.

1665-1678 – Guerras civis no Reino do Congo.

1667 – Sob a administração do governador Zenóbio Aciolli de Vasconcelos, é preparada uma grande expedição. Vários mocambos encontrados são incendiados e outros tantos quilombolas aprisionados.

1668 – Expedições contra mocambos baianos.

1668-70 – Novamente são enviadas tropas, capturando *palmaristas*. Há combate de *palmaristas* e soldados na serra de Matequeri. Forças policiais, partindo da vila de Alagoas, são enviadas a Palmares.

1669-1673 – A Guerra do Aporá. Levantes indígenas no Recôncavo Baiano contra os paiaiases e topins.

1672 – Por determinação de Fernão de Souza Coutinho, são mobilizados grandes contingentes militares contra os *palmaristas*. As tropas permaneceram cerca de quatro meses estacionadas nas serras. Conseguem prender sessenta *palmaristas*.

1672 – Fim da guerra de sucessão no Reino do Ndongo.

1673-4 – O grande proprietário de engenho e alcaide-mor de Porto Calvo, Cristóvão Lins, realiza uma expedição. Muitos integrantes dessa força repressora desertam, tendo-se encontrado um mocambo, com aproximadamente setecentas casas, cercado de plantações.

1674-1679 – Guerras indígenas no São Francisco, capitania da Bahia (índios anaios).

1675-6 – Sebastião Camarão comanda incursões contra Palmares. São encontrados mocambos, inclusive alguns grandiosos. Mais batalhas acontecem. Liderados pelo sargento-mor Manuel Lopes, centenas de homens, entre os quais brancos, mulatos e índios, marcham para as serras de Palmares. Depois de alguns meses de luta, vários mocambos grandes são destruídos e setenta *palmaristas* capturados.

1677 – Após mais de um ano de preparação, o capitão Fernão Carrilho marcha contra Palmares com numeroso contingente militar. Os mocambos Aqualtune, Amaro, Subupira e Garanhuns são atacados. Passados meses de batalhas, vários são mortos e dezenas de *palmaristas* presos, entre os quais importantes líderes militares.

1678 – As autoridades coloniais tentam propor um acordo de paz com os habitantes de Palmares. Após negociações, Ganga-Zumba vai a Recife e sela o tratado de paz. Retira-se com seus homens para o Cucaú. Zumbi e inúmeros *palmaristas*, insatisfeitos com as condições do acordo selado por Ganga-Zumba, decidem permanecer no Macaco e resistir.

1679-1685 – Continuação das hostilidades entre Matamba, Angola e Kassanje, na África centro-ocidental.

1680 – *Palmaristas* descontentes com seu comandante promovem uma sublevação no Cucaú. Ganga-Zumba é assassinado. Zumbi assume a liderança de Palmares.

1680-1 – Tropas sob ordens de Gonçalo Moreira partem para as serras locais com o objetivo de capturar Zumbi e destruir seu mocambo. Cerca de duzentos *palmaristas* são presos. Seguem, em outubro, tropas dos Henriques para atacá-los. Vários mocambos são destruídos e feitos mais de trezentos prisioneiros. Os *palmaristas* revidam lançando um ataque contra a vila de Alagoas. Há roubos, saques e sequestros. Sebastião Camarão volta a comandar investidas contra os mocambos e ocorrem mais combates com mortos e prisioneiros.

1687 – Começam entendimentos para que os paulistas participem das expedições punitivas contra os mocambos *palmaristas*.

1687 – Levante geral dos tapuias no Rio Grande.

1691 – Surgem notícias de que alguns *palmaristas*, com a migração de seus mocambos, aparecem na capitania da Paraíba.

1692 – Rendição dos índios janduís e envio da embaixada de Canindé à Bahia.

1692-3 – Após longa preparação, Domingos Jorge Velho comanda centenas de homens para destruir Palmares. As tropas paulistas e os *palmaristas* travam duros combates na Serra da Barriga.

1694 – Depois de várias tentativas, e agora utilizando canhões, as tropas de Domingos Jorge Velho invadem a capital Macaco. Há inúmeros mortos e centenas de quilombolas aprisionados. Zumbi, mesmo ferido, e outros *palmaristas* conseguem escapar para o interior, migrando para outros mocambos. Perseguindo Zumbi, tropas atacam e destroem os mocambos Una, Engana-Columim, Pedro Capacaça, Quiloange e Catingas.

1695 – Após traição de um dos seus comandados, Zumbi é assassinado pelas tropas repressoras no seu mocambo, localizado na serra Dois Irmãos.

1695 – Tratados de paz com os janduís da Ribeira do Açu, no Rio Grande, são retificados.

1697-1700 – Camoanga assume a liderança de Palmares, tentando reorganizar os *palmaristas*, que realizam inúmeras razias nos engenhos e nas fazendas em Santo Amaro do Jaboatão. Tenta-se fazer um acordo de paz com Camoanga.

1701-1703 – Expedições contra os mocambos do Gurupi-Turiaçu, na capitania do Maranhão.

1702-1703 – Mais expedições punitivas são enviadas a Palmares. Após vários ataques antimocambos, Camoanga é assassinado e diversos *palmaristas* capturados.

1704-1706 – Domingos Jorge Velho comanda novas expedições contra os *palmaristas*. O novo líder dos Palmares é o negro Mouza. *Palmaristas* voltam a se movimentar nas serras pernambucanas, aproximando-se da capitania de Sergipe del Rei.

1704 – Guerras contra os indígenas icós, no Rio Grande.

1711-1716 – Mouza é capturado e enviado preso para Recife. Continuam chegando notícias sobre as ações de guerrilhas dos *palmaristas* nas serras de Pernambuco e capitanias próximas.

1722-1729 – Formação de comunidades de fugitivos em São Paulo.

1725-1736 – Tropas paulistas permanecem em Pernambuco visando evitar a reorganização dos *palmaristas*. Notícias ainda dão conta de mocambos na capitania de Pernambuco.

1729 – Cativos apoiam o levante indígena de Natchez, na Louisiana, América Inglesa.

1730 – Tentativas de destruição dos mocambos de Cumbe, no interior da capitania da Paraíba.

1749 – Negociações e tratados de paz entre os *marrons* saramakas e as autoridades coloniais holandesas na fronteira do Suriname.

BIBLIOGRAFIA

AGORSAH, E. Kofi (org.). *Maroon Heritage*: Archaeological Ethnographic and Historical Perspectives. University of the West Indies, 1994.

ALENCASTRO, Luiz Felipe de. *O trato dos viventes*: formação do Brasil no Atlântico Sul. São Paulo: Companhia das Letras, 2000.

ALLEN, Scott Joseph. *Africanisms, Mosaics, and Creativity:* The Historical Archaeology of Palmares. M. A. Thesis: Brown University, 1995.

_____. A "cultural mosaic" at Palmares? Grappling with historical archeology of a seventeenth-century brazilian quilombo. In: FUNARI, P. Paulo (org.). *Cultura material e arqueologia histórica*. Campinas: IFCH-Unicamp, 1998, pp. 141-178.

ALMEIDA, Luiz Sávio de. (org.) *O negro no Brasil:* estudos em homenagem a Clóvis Moura. Maceió: Edufal, 2003.

ALONSO, José Luís Ruiz-Peinado. *Cimarronaje en Brasil*. Barcelona: El Cep I/La Nansa Edicions, 2002.

ALTAVILA, Jaime de. *História da civilização de Alagoas e quilombo dos Palmares*. Maceió: Dep. de Cultura, 1976.

ALVES FILHO, Ivan. *Memorial dos Palmares*. Rio de Janeiro: Xenon, 1988.

ANDERSON, Robert N. The Quilombo of Palmares: A New Overview of a Maroon State in Seventeenth-Century Brazil. *Journal of Latin American Studies, 28,* 1996, pp. 553-62.

ANJOS, Rafael Sanzio Araújo dos. *Territórios das comunidades remanescentes de antigos quilombos no Brasil*: primeira configuração espacial. Brasília: Mapas, 2000.

APPIAH, Kwame Anthony. *Na casa de meu pai*: África na filosofia da cultura. Rio de Janeiro: Contraponto, 1997.

BALANDIER, Georges. *Daily Life in The Kingdom of The Kongo*: From the Sixteenth to the Eighteenth Century. New York: Pantheon Books, 1968.

BARBOSA, Waldemar de Almeida. *Negros e quilombos em Minas Gerais*. Belo Horizonte: Imprensa Oficial, 1972.

BARLEUS, Gaspar. *História dos feitos recentemente praticados durante oito anos no Brasil*. Rio de Janeiro: Companhia Editora Nacional, 1940.

BARNES, Sandra J. *Africa's Ogun Old World and New*. Indiana: Indiana University Press, 1992.

BARROS, Isabel Figueredo de; CRUZ, Maria Arlete. Revoltas de escravos em São Tomé no século XVI. *Leba*. Lisboa, n. 7, 1992, pp. 373-88.

BASTIDE, Roger. *As Américas negras:* as civilizações africanas no Novo Mundo. São Paulo: Difel/Edusp, 1974.

_____. The other quilombos. PRICE, Richard (org.). *Maroon Societies:* rebel slave communities in the Americas. 2. ed. Baltimore: The Johns Hopkins University Press, 1979, pp. 191-201.

_____. *As religiões africanas no Brasil:* contribuição a uma sociologia das interpretações das civilizações. São Paulo: Pioneira, 1985.

BESSON, Jean. Land Tenure in the Free Villages of Trelawney, Jamaica: A Case Study in the Caribbean Peasant Response to Emancipation. *Slavery & Abolition*, volume 5, n. 1, 1984.

BETHELL, Leslie (org.). *América Latina Colonial*. São Paulo: Edusp/Funag, 1998.

BRANDÃO, Alfredo. Documentos antigos sobre a guerra dos negros palmaristas. *O negro no Brasil*. Rio de Janeiro: Companhia Editora Nacional, 1940.

_____. Os negros na história de Alagoas. *Estudos Afro-Brasileiros*, 1 (ed. fac-símile) Recife: Fundaj/Massangana, 1, 1988, pp. 60-77.

CABRAL, João Francisco Dias. Narração de alguns sucessos relativos à guerra dos Palmares de 1668 a 1680. *Revista do Instituto Arqueológico e Geográfico Alagoano*, n. 7, dez. 1875, pp. 184-5.

CADORNEGA, Antônio de Oliveira. *História das guerras angolas*. Lisboa, s.n., 1940.

CAMPBELL, Mavis C. Marronage in Jamaica: its origin in the seventeenth century. RUBIN, Vera; TUDEN, Arthur (orgs.). *Comparative perspectives on slavery in New World plantation societies*. New York, v. 292, 1977, pp. 389-419.

CARNEIRO, Edison. *Ladinos e crioulos*: estudos sobre o negro no Brasil. Rio de Janeiro: Civilização Brasileira, 1964.

_____. *O quilombo de Palmares*. 3. ed. Rio de Janeiro: Civilização Brasileira, 1966.

CARVALHO, José Jorge de (org.). *O quilombo do rio das Rãs:* histórias, tradições e lutas. Salvador: EDUFBA, 1995.

CARVALHO, Marcus Joaquim M. de. O quilombo do Catucá em Pernambuco. *Caderno CRH*. Salvador, n. 15, jul./dez. 1991, pp. 5-28.

CAVAZZI DA MONTECUCCOLO, Antônio. *História e descrição de três reinos*: Congo, Matamba e Angola. Lisboa, s.n., s.d.

CHAVEZ-HITA, Adriana Naveda. *Esclavos Negros en las Haciendas azucareiross de Córdoba, Vera Cruz, 1690-1830*. México: Universidad Veracruzana, 1987.

CRATON, Michael. From Caribs to Black Caribs: The Amerindian Roots of Servile Resistance in the Caribbean. OKIHIRO, Gary Y. *In Resistance Studies in Africans Caribbean, and Afro-American History*. The University of Massachusetts Press, 1986.

_____. *Testing the chains:* resistance to slavery in the British West Indies. Ithaca: Cornell University Press, 1982.

ENNES, Ernesto. *As guerras nos Palmares*. São Paulo: Companhia Editora Nacional, 1938.

_____. *Os primeiros quilombos:* subsídios para a sua história. Biblioteca Hélio Viana, Unicamp, 1951, exemplar inédito.

FARIA, José Luciano. *A presença negra na América Latina*. Lisboa: Ed. Prelo, 1971.

FREIRE, Francisco Brito. *Nova Lusitânia*. Lisboa, s.n., 1675.

FREITAS, Décio. *Insurreições escravas*. Porto Alegre: Movimento, 1976.

_____. *Palmares*: a guerra dos escravos. 3. ed. Rio de Janeiro: Graal, 1981.

_____. *O escravismo brasileiro*. 2. ed. Porto Alegre: Mercado Aberto, 1982.

_____. *Palmares*: a guerra dos escravos. Porto Alegre: Movimento, 1973. 2. ed. rev., Rio de Janeiro: Graal, 1978; 5. ed. reescrita, rev. e amp.: Porto Alegre: Mercado Aberto, 1984.

_____. *República de Palmares*: pesquisa e comentários em documentos históricos do século XVII. Maceió: Edufal, 2004.

FREITAS, M. M. de. *Reino negro de Palmares*. Rio de Janeiro: Biblioteca do Exército, 1954. 2. ed.: Rio de Janeiro: Biblioteca do Exército, 1988.

FREUDENTHAL, Aida. *Os quilombos de Angola no século XIX*. IV Congresso Luso-Afro-Brasileiro, set. 1996. Texto inédito.

FRY, Peter; VOGT, Carlos. *Cafundó*: a África no Brasil. Linguagem e sociedade. São Paulo: Companhia das Letras, 1996.

FUNARI, Pedro Paulo A. A "República de Palmares" e a arqueologia da serra da Barriga. *Revista USP*, n. 28, 1995-6, pp. 6-13.

_____. Novas perspectivas abertas pela arqueologia na serra da Barriga. SCHWARCZ, Lilía Moritz; REIS, Letícia Vidor de Sousa (orgs.). *Negras imagens*: escravidão e cultura no Brasil. São Paulo: Edusp, 1996, pp. 139-51.

FUNARI, Pedro Paulo de A. A arqueologia de Palmares. Sua contribuição para o conhecimento da história da cultura afro-americana. REIS, João; GOMES, Flávio dos Santos (org.). *Liberdade por um fio*: história dos quilombos no Brasil. São Paulo: Companhia das Letras, 1996, pp. 26-51.

_____; ORSER, Jr., Charles E. Pesquisa arquelógica inicial em Palmares. *Estudos Ibero-Americanos*. Porto Alegre, v. 18, n. 2, 1994.

FUNES, Eurípedes. *Nasci nas matas, nunca tive senhor*: história e memória dos mocambos do Baixo Amazonas. São Paulo: FFLCH/USP, 1995. Tese (Doutorado).

_____. Nasci nas matas, nunca tive senhor: história e memória dos mocambos do Baixo Amazonas. REIS, João; GOMES, Flávio dos Santos. *Liberdade por um fio*: história dos quilombos no Brasil. São Paulo: Companhia das Letras, 1996, pp. 467-97.

GENOVESE, Eugene. *Da rebelião à revolução:* as revoltas de escravos nas Américas. São Paulo: Global, 1983.

GILROY, Paul. *The Black Atlantic*. Modernity and Double Consciousness. London, s.n., 1993.

GLASCOW, Roy. *Nzinga*. Resistência africana a investida do colonialismo português em Angola, 1582-1663. São Paulo: Perspectiva, 1982.

GOMES, Flávio dos Santos. Mocambos e mapas nas Minas: novas fontes para a História Social dos quilombos no Brasil (Minas Gerais – Séc. XVIII). *Textos de História*. Brasília: Revista da Pós-Graduação em História da UnB, v. 2, n. 4, 1994.

_____. Em torno dos Bumerangues: outras histórias de mocambos na Amazônia Colonial. *Revista USP*. São Paulo, n. 28, dez./jan./fev., 1995-96.

_____. *História de quilombolas*: mocambos e comunidades de senzalas – século XIX. Rio de Janeiro: Arquivo Nacional, 1995.

_____. Um Recôncavo, dois sertões e vários mocambos: quilombos na capitania da Bahia (1575-1808). *História Social*. Campinas: Pós-Graduação em História/IFCH-Unicamp, n. 2, 1995

_____. Uma tradição rebelde: notas sobre os quilombos na capitania do Rio de Janeiro (1625-1818). *Afro-Ásia*. Salvador: CEAO, UFBA, número 17, 1996.

_____. Seguindo o mapa das Minas: plantas e quilombos mineiros setecentistas. *Estudos Afro-Asiáticos*. Rio de Janeiro: CEAA, mar. 1996.

_____. Repensando a construção de símbolos de identidade étnica no Brasil. FRY, Peter; REIS, Elisa; TAVARES DE ALMEIDA, Maria Ermínia. *Política e Cultura*: visões do passado e perspectivas contemporâneas. São Paulo: HUCITEC, ANPOCS, 1996, pp. 197-221.

_____. *A hidra e os pântanos*: mocambos, quilombos e comunidades de fugitivos no Brasil (sécs. XVII-XIX). São Paulo: UNESP/Polis, 2005.

GOMES, Flávio dos Santos; GESTEIRA, Heloísa. Fontes neerlandesas e o quilombo de Palmares na América Portuguesa do século XVII: primeiras reflexões sobre representações e narrativas. *Américas. Zeitschrift fur Kontinentalamerika und die Karibik*, KONAK-WIEN, v. 24, n. 4, 2002, pp. 7-28.

_____. Inventando uma tradição: quilombolas na capitania de São Paulo (1722-1811). *Pós-História*. São Paulo, Assis: Revista de Pós-Graduação em História/ Unesp, v. 4, 1996.

GORENDER, Jacob. *O escravismo colonial*. São Paulo: Ática, 1978.

GOULART, José Alípio. *Da fuga ao suicídio:* aspectos de rebeldia dos escravos no Brasil. Rio de Janeiro: Conquista, 1972.

GRADEN, Dale T. História e motivo em "Saudação a Palmares" de Antônio Frederico de Castro Alves (1870). *Estudos Afro-Asiáticos*, n. 25, dez. 1993, pp. 189-205.

GUIMARÃES, Carlos Magno, e LANNA, Ana Lúcia Duarte. Arqueologia de quilombos em Minas Gerais. *Pesquisas:* antropologia. São Leopoldo, 31, 1980, pp. 147-64.

GUIMARÃES, Carlos Magno. Mineração, quilombos e Palmares: Minas Gerais no século XVIII. REIS, João; GOMES, Flávio dos Santos. *Liberdade por um fio:* história dos quilombos no Brasil. São Paulo: Companhia das Letras, 1996, pp. 139-63.

_____. O quilombo do Ambrósio: lenda, documentos e arqueologia. *Estudos Iberos-Americanos*, Simpósio Gaúcho sobre a Escravidão Negra. Porto Alegre, v. 16, n. 1/2, s.d., pp. 161-74.

_____. *Uma negação da ordem escravista:* quilombos em Minas Gerais no século XVIII. São Paulo: Ícone, 1988.

HILTON, Anne. *The Kingdom of Kongo*. Oxford: Oxford University Press, 1985.

JUREMA, Aderbal. *Insurreições negras no Brasil*. Recife: Edições Mozart, 1935.

KARASCH, Mary. Zumbi of Palmares: Challenging the Portuguese Colonial Order. ANDRIEN, Kenneth J. (ed.) *The human tradition in Colonial Latin America, Human tradition around the world*. Wilmington: SR Books/Scholarly Resources, 2002.

KENT, Raymond K. Palmares: An African State in Brazil. *Journal of African History*, 6, 2, 1965, p. 175.

KLEIN, Herbert S. *A escravidão africana*. América Latina e Caribe. São Paulo: Brasiliense, 1987.

LAMAN, Karl. *The Kongo:* Studia Ethnographic Upsaliensia. s. n., 4v., 1953, v. I.

LANDERS, Jane. *Black Society in Spanish Florida*. Urbana/Chicago: University of Illinois Press, 1999.

LARA, Silvia Hunold. Do singular ao plural: Palmares, capitães do mato e o governo dos escravos. REIS, João; GOMES, Flávio dos Santos (org.). *Liberdade por um fio:* história dos quilombos no Brasil. São Paulo: Companhia das Letras, 1996, pp. 81-109.

LORETO DO COUTO, Domingos. Desagravos do Brasil e glórias de Pernambuco. *Anais da Biblioteca Nacional do Rio de Janeiro*, v. XXIV e XXV.

LUNA, Luís. *O negro na luta contra a escravidão*. Rio de Janeiro: Leitura, 1968.

MACFARLANE, Anthony. Cimarones and palenques: runaways and resistance in Colonial Columbia. *Slavery & Abolition*, v. 6, n. 3, dez. 1985, pp. 146-7.

MACGAFFEY, Wyatt. *Religion and Society in Central Africa*. The Bakongo of Lower Zaire. Chicago: The University of Chicago Press, 1986.

MAESTRI FILHO, Mário José. *Em torno ao quilombo*: História em cadernos. Rio de Janeiro: UFRJ/IFCS, 1984. Dissertação (Mestrado em História).

_____. *Quilombos e quilombolas em terras gaúchas*. Porto Alegre: Universidade de Caxias, 1979.

_____. Benjamin Péret: um olhar heterodoxo sobre Palmares. LAVOU, Victorioen. (editeur). *Les Noirs et Le Discours Identitaire Latino-Américain*. CRILAUP: Presses Universitaires de Perpigban, 1997, pp. 159-85

MARQUESE, Rafael de Bivar. *Feitores do corpo, missionários da mente*: senhores, letrados e o controle dos escravos nas Américas, 1660-1860. São Paulo: Companhia das Letras, 2004.

MARTINS, Joaquim Dias. *Os mártires pernambucanos*. Recife: Typ. F. C. de Lemos e Silva, 1853.

MAXWELL, Kenneth R. *A devassa da devassa*: a Inconfidência Mineira – Brasil-Portugal, 1750-1808. Rio de Janeiro: Paz e Terra, 1977.

MCGOWAN, Winston. African resistance to the Atlantic slave trade in west Africa. *Slavery & Abolition*, v. 11, n. 1, maio 1990, pp. 5-29.

MEILLASSOUX, Claude. *Antropologia da escravidão*: o ventre de ferro e dinheiro, Rio de Janeiro: Jorge Zahar Editor, 1995.

MELLO, A. Joaquim de. *Biografia de alguns poetas e homens ilustres da província de Pernambuco*. Recife: Tipografia Universal, 1856.

MELLO, Evaldo Cabral de. *O nome e o sangue*: uma fraude genealógica no Pernambuco colonial. São Paulo: Companhia das Letras, 1989.

_____. *A fronda dos Mazombos*: nobres contra mascates, Pernambuco, 1666-1715. São Paulo: Companhia das Letras, 1995.

_____. *Rubro veio*: o imaginário da restauração pernambucana. Rio de Janeiro: Topbooks, 1997.

_____. *Olinda restaurada*: guerra e açúcar no Nordeste, 1630-1654. Rio de Janeiro: Topbooks, 1998.

_____. *O negócio do Brasil*: Portugal, os Países Baixos e o Nordeste, 1641-1669. Rio de Janeiro: Topbooks, 1998.

MELLO, J. A. Gonçalves de. *Fontes para a história do Brasil holandês*. Recife: MEC/SPHAN/Fundação Pró-Memória, 1981.

METCALF, Alida. Millenarian Slaves. The Santidade de Jaguaripe and Slave Resistance in the Americas. *American Historical Review*, dez. 1999, pp. 1531-59.

MILLER, Joseph C. *Kings and kinsmen:* early mbundu states in Angola. Oxford: Clarendon Press, 1976.

MINTZ, Sidney W.; PRICE, Richard. *An anthropological approach to the afro-american past:* a Caribbean perspective. Philadelphia: ISHI, 1976.

MOSCOSO, Francisco. Formas de Resistência de Los Esclavos en Puerto Rico, siglos XVI-XVIII. *América negra,* n. 10, 1995.

MOURA, Clóvis. *Rebeliões da senzala:* quilombos, insurreições e guerrilhas. Rio de Janeiro: Conquista, 1972.

_____. *Os quilombos e a rebeldia negra.* São Paulo: Brasiliense, 1981.

_____. (org.). *Os quilombos na dinâmica social do Brasil.* Maceió: Ufal, 2001.

MULLIN, Michael. *Africa in America:* Slave Acculturation and Resistance in the America South and the British Caribbean, 1736-1831. Illinois: University of Illinois Press, 1992.

MUNANGA, Kabengele. Origem e histórico do quilombo na África. *Revista USP,* v. 28, 1995-6.

NASCIMENTO, Abdias. *O quilombismo.* Brasília/Rio de Janeiro: Fundação Palmares, 2002. 1. ed., Petrópolis: Vozes, 1980.

NASCIMENTO, Rômulo Luiz Xavier do. *Os 'boschnegers' nas matas de Pernambuco e contra Nassau,* 2004, mimeo.

_____. *Pelo lucro da Companhia:* aspectos da administração no Brasil holandês (1630-1639). Recife: UFPE, 2004. Dissertação (Mestrado em História).

NETO, M. C. Kilombo, Quilombos, Ocilombo... *Revista Mensagem.* Secretaria de Estado de Cultura, Luanda, 1989.

OLIVEIRA, Waldir Freitas. Apresentação. CARNEIRO, Edison. *O quilombo de Palmares.* São Paulo: Companhia Editora Nacional, 4. ed., 1988, pp. v-xv, fac-simile.

PALMIÉ, Stephan (org.). *Slave Cultures and the Cultures of Slavery.* Knoxville: Tennessee: The University of Tennessee Press, 1995.

PANTOJA, Selma. *Nzinga Mbandi:* mulher, guerra e escravidão. Brasília: Thesaurus, 2000.

PARDO, Anne Wadsworth. *A Comparative Study of the Portuguese Colonies of Angola and Brazil and their Interdependence from 1648-1825.* Boston: Boston University, 1977, Ph.D.

PATTERSON, Orlando. Slavery and Slave Revolts: A Sociohistorical Analusis of First Maroon War, 1665-1740. PRICE, Richard (org.). *Maroon Societies:* rebel slave communities in the Americas. 2. ed. Baltimore: The Johns Hopkins University Press, 1996, pp. 246-92.

PEDREIRA, Pedro Tomás. Os quilombos dos Palmares e o Senado da Câmara da cidade do Salvador. *Mensário do Arquivo Nacional,* XI, n. 3, 1980.

PERET, Benjamim. *O quilombo de Palmares:* crônica da república dos escravos, Brasil, 1640-1695. Lisboa: Fenda Edições, 1988.

PRICE, Richard (org.). *Maroon Societies*: rebel slave communities in the Americas. 2. ed. Baltimore: The Johns Hopkins University Press, 1996. Primeira edição de 1979.

_____. *First-Time:* The Historical Vision of Afro-American People. Baltimore, The Johns Hopkins University Press, 1983.

_____. Resistance to Slavery in the Americas: Maroons and their Communities. *Indian Historical Review,* n. 15, v. 1-2, 1988-89.

_____. *Alabi's world.* Baltimore: The Johns Hopkins University Press, 1990.

_____. Palmares como poderia ter sido. REIS, João; GOMES, Flávio dos Santos. *Liberdade por um fio*: história dos quilombos no Brasil. São Paulo: Companhia das Letras, 1996, pp. 52-9.

_____. (org). *Sociedades cimarronas*: comunidades esclavas rebeldes en las Américas. Madrid: Siglo Ventiuno, 1981.

PUNTONI, Pedro. *A mísera sorte.* A escravidão africana no Brasil Holandês e as guerras do tráfico no Atlântico Sul, 1621-1648. São Paulo: Hucitec, 1999.

_____. *A guerra dos bárbaros*: povos indígenas e a colonização do sertão no Nordeste do Brasil, 1650-1721. São Paulo: Hucitec, 2002.

QUEIROZ, Suely Robles Reis de. Rebeldia escrava e historiografia. *Estudos Econômicos.* São Paulo: IPE-USP, v. 17, número especial, 1987, pp. 7-35.

RAMOS, Arthur. *O negro brasileiro.* Rio de Janeiro: Civilização Brasileira, 1935.

_____. *A aculturação negra no Brasil.* São Paulo: Companhia Editora Nacional, 1942.

_____. *As culturas negras no Novo Mundo.* 3. ed. São Paulo: Companhia Editora Nacional, 1979.

_____. *O negro na civilização brasileira.* Rio de Janeiro: Casa do Estudante do Brasil, 1953.

RAMOS, Donald. O quilombo e o sistema escravista em Minas Gerais do século XVIII. REIS, João; GOMES, Flávio dos Santos. *Liberdade por um fio*: história dos quilombos no Brasil. São Paulo: Companhia das Letras, 1996, pp. 164-92.

RAU, Virgínia; GOMES DA SILVA, Maria F. *Os manuscritos da casa de Cadaval respeitantes ao Brasil.* Coimbra: s.n., 1958, v. 1.

REIS, João José. Resistência escrava na Bahia. Poderemos brincar, folgar e cantar...: o protesto escravo na América. *Afro-Ásia.* Salvador: Centro de Estudos Afro-Orientais da UFBA, n. 14, dez. 1983, pp. 107-22.

_____. *Rebelião escrava no Brasil.* A história do levante dos malês (1835). São Paulo: Brasiliense, 1986.

_____. Quilombos e revoltas escravas no Brasil. Nos achamos em campo a tratar da liberdade. *Revista USP.* São Paulo, v. 28, dez./fev. 1995-6.

ROCHA PITTA, Sebastião da. *História da América Portuguesa.* Salvador: Progresso, 1950.

RODRIGUES, Nina. As sublevações de negros no Brasil anteriores ao século XIX – Palmares. *Os africanos no Brasil* (1905). 5. ed. São Paulo: Companhia Editora Nacional, 1977, pp. 71-93.

SANT'ANA, Moacir Medeiros. Reflexões em torno da historiografia dos Palmares. *Revista do IHGB*, n. 160/402, 1999, pp. 229-46.

SANTOS, Joel Rufino dos. *Zumbi*. São Paulo: Moderna, 1985.

SCHWARTZ, Stuart B. Mocambos, quilombos e palmares: a resistência escrava no Brasil colonial. *Estudos Econômicos*. São Paulo: IPE-USP, v. 17, número especial, 1987, pp. 61-88.

_____. *Segredos internos*. Engenhos e escravos na sociedade colonial. São Paulo: Companhia das Letras, 1988.

_____. The mocambo: slave resistance in colonial Bahia. *Journal of Social History*, 3, 1970, pp. 313-33.

_____. Repensando Palmares: resistência escrava na colônia. *Escravos, roceiros e rebeldes*. Bauru: Edusc, 2001, pp. 213-55.

SHERIDAN, Richard B. The Maroon of Jamaica, 1730-183: Livelihood, Demography and Health. *Slavery & Abolition*, v. 6, n. 3, dez. 1985.

SILVA, Alberto da Costa E. *A manilha e o Libambo*. A África e a escravidão, de 1500 a 1700. Rio de Janeiro: Nova Fronteira, 2002.

SILVA, Rogério Forastieri da. *Colônia e nativismo*: a História como biografia da nação. São Paulo: Hucitec, 1997.

SLENES, Robert W. "Malungu, ngoma vem!": África coberta e descoberta no Brasil. *Revista USP*. São Paulo, n. 12, dez./jan./fev. 1991-1992.

_____. Escravismo por um fio. (Prefácio). *A hidra e os pântanos*: mocambos, quilombos e comunidades de fugitivos no Brasil (sécs. XVII-XIX). São Paulo: Unesp/Polis, 2005.

_____. *Na senzala, uma flor*: recordações e formação da família escrava no Brasil. Rio de Janeiro: Nova Fronteira, 1999.

THORNTON, John K. *The Kingdon of Kongo*: Civil War and Transition, 1641-1718. Wisconsin: The University of Wisconsin Press, 1983.

_____. A trail of voodoo: African Christianity in Africa and the Americas. *Américas*, XLIV, n. 3, jan. 1988, pp. 261-78.

_____. African dimensions of the Stono rebellion. *American Historical Review*, v. 96, n. 4, out. 1991, pp. 1101-13.

_____. *Africa and Africans in the Making of the Atlantic World, 1400-1680*. Cambridge: Cambridge University Press, 1992.

THORNTON, John K. *The Kongolese Saint Anthony*: Dona Beatriz Kimpa Vita and the Antonian Movement, 1684-1706. Cambridge: Cambridge University Press, 1998.

TROUILLOT, Michel-Rolph. *Silencing the Past*: Power and the Production of History. Beacon Press, 1995.

VAINFAS, Ronaldo. *Ideologia e escravidão*: os letrados e a sociedade escravista no Brasil Colonial. Petrópolis: Vozes, 1986.

_____. *A heresia dos índios*: catolicismo e rebeldia no Brasil Colonial. São Paulo: Companhia das Letras, 1995.

_____. Deus contra Palmares: representações e ideias jesuíticas. REIS, João; GOMES, Flávio dos Santos (orgs.). *Liberdade por um fio*: história dos quilombos no Brasil. São Paulo: Companhia das Letras, 1996, pp. 60-80.

Iconografia

p. 15 Imagem à esquerda: "Negro suspenso vivo pela costela", William Blake, gravura, 1793. À direita: " Escrava samboe dilacerada por golpe de chicote", William Blake, gravura, 1793. **p. 21** "O capitão I. G. Stedman", William Blake, gravura, s.d. **p. 25** "Rancho da Serra do Caraca", Spix & Martius (del.) e A. Kraft & F. Hohe (lit.), litografia, 1823-1831. **p. 31** Sem título, Frans Post, óleo sobre tela, s.d. **p. 45** Imagem superior: "Negros novos", Johann Moritz Rugendas, óleo sobre tela, s.d. Imagem inferior: "Planta baixa do navio negreiro *La Vigilante*", Charles de Lasteyrie, gravura, 1823. **p. 49** Imagem superior: "O feitor em sua plantação", autoria não identificada, xilogravura, 1881. Imagem inferior: "Ofício de negros: feitor", Jean Baptiste Debret, aquarela, guache e tinta ferrogálica, 1829. **p. 51** Imagem superior: "Ofício de negros: vendedor de peixes", Johann Moritz Rugendas, aquarela, guache e tinta ferrogálica, 1829. Imagem intermediária: "Ofício de negros: sapateiro", Johann Moritz Rugendas, aquarela, guache e tinta ferrogálica, 1829. Imagem inferior: "Ofício de negros: amolador, Johann Moritz Rugendas, aquarela, guache e tinta ferrogálica, 1829. **p. 53** Imagem superior: "Fuga de escravos", François Auguste Biard, óleo sobre tela, 1859. Imagem inferior: "Vista panorâmica de Olinda", Frans Post, óleo s/tela, 1650-1655. **p. 57** Imagem superior: "Índio tarairiu", Albert Eckhout, óleo sobre tela, s.d. Imagem inferior: "Os tapuias", Albert Eckhout, óleo sobre tela., s.d. **p. 63** "Nederlands Brazilië in 1643",

Koninklyt Kolrnet von Schilderyen Mauritshuis, Den Haag, 21 dez. 1979 – 1 mar. 1980. **p. 67** "Mulato", Albert Eckhout, óleo sobre tela, s.d. **p. 71** MOURA, Carlos Eugênio Marcondes de. *A travessia da Calunga Grande*: três séculos de imagens sobre o negro no Brasil (1637-1899). São Paulo: Edusp, p. 279. **p. 75** "Palmares", Barleus, s.n. 1647. **p. 83** "Negro e negra numa fazenda", Johann Moritz Rugendas, litografia colorida a mão, s.d. **p. 85** "Negras do Rio de Janeiro", Johann Moritz Rugendas, litografia colorida a mão, s.d. **p. 87** "Mapa de Palmares", Freitas, s.n., 1984. **p. 93** "Aldeia", Zacharins Wagener, aquarela, s.d. **p. 97** "Quilombo de São Gonçalo", autor não identificado, aquarela, século XVIII. **p. 103** "A África", autor não identificado, gravura, 1686. **p. 111** "África: túmulo do rei Guiné", autor não identificado, litografia colorida, 1862. **p. 121** "Alegoria dos quatro continentes: África", Francisco Pedro do Amaral, óleo sobre cartão, século XIX. **p. 127** Da esquerda para a direita: "Santo Antônio de Cartageró", autor não identificado, madeira policromada, s.d.; "São Benedito", autor não identificado, madeira policromada, século XVIII; "Santa Efigênia", autor não identificado, barro policromado, século XVIII; "Santo Elesbão", autor não identificado, madeira policromada, século XVIII. **p. 131** "Negras novas a caminho da igreja para o batismo", Jean Baptiste Debret, litografia colorida a mão, 1834-1839. **p. 139** "Ofício de negros: pajem de clérigo", Jean Baptiste Debret, aquarela, guache e tinta ferrogálica, s.d. **p. 141** "Homem africano", Abert Eckhout, óleo sobre tela, 1641.

O autor

Flávio Gomes
Professor do departamento de história da Universidade Federal do Rio de Janeiro. É autor de artigos e livros a respeito de fronteiras, campesinato, escravidão e pós-emancipação no Brasil.

CADASTRE-SE
EM NOSSO SITE,
FIQUE POR DENTRO DAS NOVIDADES
E APROVEITE OS MELHORES DESCONTOS

LIVROS NAS ÁREAS DE:

História | Língua Portuguesa
Educação | Geografia | Comunicação
Relações Internacionais | Ciências Sociais
Formação de professor | Interesse geral

ou
editoracontexto.com.br/newscontexto

Siga a Contexto
nas Redes Sociais:
@editoracontexto